DAS LEBEN WIRD ANDERS SCHÖN!

SILKE PÖHLS

DAS LEBEN WIRD ANDERS SCHÖN!

WIE ICH MEINER TRAUER DIE HAND REICHTE, UM WEITERZULEBEN

Bibliografische Information der Deutschen Nationalbibliothek:
Die Deutsche Nationalbibliothek verzeichnet diese Publikation
in der Deutschen Nationalbibliografie; detaillierte bibliografische
Daten sind im Internet über dnb.dnb.de abrufbar.

Lektorat, Satz, Coverdesign und Verlag: BoD · Books on Demand
GmbH, In de Tarpen 42, 22848 Norderstedt, bod@bod.de

Druck: Libri Plureos GmbH, Friedensallee 273, 22763 Hamburg

ISBN: 978-3-7597-4647-4

Für meine beiden Söhne:
Niklas und Hendrik – Ihr seid mein Leben!

INHALT

Es ist verrückt, alle Rosen zu hassen,
nur weil Dich eine gestochen hat,
oder auf alle Träume zu verzichten,
nur weil sich einer nicht erfüllt hat.

aus »Der kleine Prinz«
Antoine de Saint-Exupéry

VORWORT

Liebe Leserin, lieber Leser,

ich hatte einen Mann. Sein Name war Stephan. Ich habe ihn verloren und mich dazu. Ohne meinen Körper zu verlassen, bin ich mit ihm gestorben. Aber ich bin ins Leben zurückgekehrt. Bei der Rückkehr in mein Leben 2.0 bin ich mit vielem konfrontiert worden, von dem ich dachte, so etwas passiert nur »den anderen«. Mein Kommentar war stets der gleiche: »Das kommt alles in mein Buch!« Meine engsten Freundinnen und Freunde ermutigten mich, dieses Buch auch tatsächlich zu schreiben. Zunächst haderte ich mit mir. Wer will schon das x-te Buch über Trauer lesen? Doch schließlich hat sich alles gefügt und ich habe mit dem Schreiben begonnen.

Natürlich geht es um Trauer und Schmerz. Aber mein Buch ist kein Leitfaden für Trauernde. So etwas ist unmöglich. Schließlich trauert jeder Mensch anders und auf so einen Schicksalsschlag ist man nie vorbereitet. Vor dem Verlust hatte ich eine klare Identität. Ich wusste, wer ich war. Ich hatte einen festen Platz im Leben. Dann musste ich lernen, dass ich mein früheres Leben nicht zurückbekommen kann. Und das fühlte sich verdammt ungerecht an!

Dies ist eine Geschichte ohne Happy End, aber mit einem Ende voller Hoffnung. Es zeigt, wie ich eine Brücke gebaut habe, die die Vergangenheit mit der Zukunft verbindet. Denn es geht darum, den Schmerz zu bewältigen. Die Trauer in Schach zu halten, aber nicht zu verdrängen. Wieder Licht und Freude im eigenen Leben zuzulassen. Ich möchte anderen helfen: jenen, denen ein ähnliches Schicksal widerfahren ist. Aber auch denen, die es mit einem Trauernden zu tun haben.

Dieses Buch soll einen Weg aufzeigen, sich bewusst für das »neue« Leben zu entscheiden. Denn die einzige Alternative wäre aufzugeben. Es soll zeigen, dass Leben auch nach einem großen Verlust möglich ist: ein Leben mit Liebe zu sich selbst, zum Leben und nicht zuletzt ein Leben mit Humor.

Ich werde Ihnen nun meine persönliche Geschichte erzählen und Erfahrungen mit Ihnen teilen, damit Sie sehen können, wie Trauer erlebt wird und welchen Raum sie im Leben einnimmt. Viele Trauernde – mich eingeschlossen – haben nämlich nicht die geringste Vorstellung davon, was auf sie zukommt.

Egal, was Sie gerade durchmachen, egal, was Sie alles schon hinter sich haben: Sie sind bis hierhin gekommen! Und egal, wie Sie sich womöglich selbst sehen – Sie dürfen stolz auf sich sein! Dieser winzige Funken Hoffnung, diese

Stärke, die Sie selbst kaum zu spüren vermögen, tragen Sie dennoch unbemerkt in sich. Sie sind aufrecht geblieben, als alles um Sie herum ins Wanken geriet. Und Sie dürfen akzeptieren, dass Trauer fortan ein Teil von Ihnen ist. Aber Trauer ist nicht nur traurig.

Es ist unglaublich und unfassbar, welche traurigen Dinge im Leben passieren und welche Aufgaben auf uns warten. Seien Sie gewiss, dass Sie damit nicht allein sind. Haken Sie sich bei mir ein und lassen Sie uns den Weg gemeinsam gehen. Auch Sie können lernen, Ihren Verlust zu akzeptieren, ohne Ihren Partner zu vergessen. Es hilft nicht, wenn wir uns gegenseitig noch mehr runterziehen, indem wir uns in Trauerflor hüllen.

Wir alle werden früher oder später mit tiefer Trauer konfrontiert. Und sie trifft uns immer anders als gedacht, wir haben im Leben nun einmal viel zu verlieren.

Der Tod ist demokratisch. Er kommt zu jedem – früher oder später. Er ist ein unausweichlicher Teil unseres Lebens – auch wenn es unfair erscheint. Weil das Leben endlich ist, auch wenn uns das nicht gefällt. Es gibt kein Licht ohne Schatten, kein Einatmen ohne Ausatmen und irgendwann – es ist unvermeidlich – kommt für alle der letzte Atemzug.

Mein Schreibstil ist manchmal ein wenig leicht im Ton. Das ändert natürlich nichts an der Ernsthaftigkeit des Themas und der Tiefe meiner Gefühle. So bin ich und so schreibe ich: Humor ist und bleibt für mich ein wichtiges und unverzichtbares Überlebensinstrument.

Trauern und sich konzentrieren gehen nicht gut zusammen, diese Erfahrung habe ich auch machen müssen. Daher mein Tipp: Sie müssen dieses Buch nicht strikt von vorne bis hinten durchlesen. Lesen Sie ruhig einzelne Kapitel in der Reihenfolge, die für Sie stimmig ist. Suchen Sie sich vor allem das heraus, was Sie gerade brauchen. In der Hoffnung, dass etwas dabei ist, das Sie inspiriert, Ihnen Kraft gibt und Sie durch schwierige Momente trägt.

Mit einer herzlichen Umarmung

Ihre

Silke Pöhls

Das Leben nimmt keine Rücksicht
auf unsere Zukunftspläne.

EIGENTLICH WOLLTEN WIR NUR FRÜHSTÜCKEN ...

Nichts deutete darauf hin, dass sich unsere Welt an diesem Sonntag im November für immer verändern sollte. Wie ein Tsunami kam das Schicksal auf uns zu.

Gerade noch wollten wir nach einem gemütlichen Sonntagskaffee im Bett und Gesprächen über den nächsten Urlaub frühstücken. Unsere beiden Söhne, Niklas und Hendrik, waren zu Hause und schliefen noch fest. Stephan hatte vorgeschlagen, wieder einen Aktivurlaub mit meinem Cousin Lars und dessen Familie in Frankreich zu machen. Gemeinsam würden wir dabei jede Menge Action und Spaß haben. Ich fand das eine tolle Idee und wir vereinbarten, Lars noch an diesem Tag anzurufen, um Nägel mit Köpfen zu machen.

Stephan wollte schon aufstehen, um den Tisch zu decken, und meinte, ich solle nach einer anstrengenden Arbeitswoche noch ein wenig im Bett bleiben. Alles war wie immer – er war munter, fröhlich – und ich denke, er freute sich auf einen ruhigen Novembersonntag.

Nach ein paar Schritten in Richtung Tür kam ein Schrei, der mich erstarren ließ. Sofort war mir klar, dass gerade etwas Furchtbares passiert war. Ich sprang aus dem Bett und sah meinen Mann bereits taumeln. Stephan stöhnte, er habe plötzlich so schlimme Kopfschmerzen wie noch nie zuvor. Den Ernst der Lage erfasste ich unmittelbar, mit jeder Faser meines Körpers. Ich lief panisch zu Niklas, weckte ihn und bat ihn, sofort den Rettungsdienst anzurufen. Niklas blieb erstaunlich ruhig und wir vereinbarten kurz, Hendrik zunächst schlafen zu lassen.

Alles, was dann passierte, kann man nur mit »Ausnahmezustand« beschreiben. Um unser Haus blinkte schnell nur Blaulicht: Rettungswagen, Notarzt, dazu Nachbarn, die zu Hilfe eilten. Im Schlafzimmer lagen überall Kanülen und Folien von Spritzen. Der angeforderte Rettungshubschrauber konnte wegen Nebels nicht landen. Chaos und Hektik! Und mittendrin lag friedlich und regungslos Stephan, meine große Liebe, der Vater unserer beiden wundervollen Kinder.

Man brachte Stephan in die Uniklinik Frankfurt, wo er auch geboren worden war. Kaum einen Kilometer entfernt, war er in einem verwunschenen Haus mit großem Garten gemeinsam mit seiner Schwester Christiane behütet aufgewachsen. Wie in Trance fuhr ich dem

Rettungswagen zusammen mit meinen Nachbarn in die Klinik hinterher.

Mein Nachbar als Oberarzt der Psychiatrie hat mir sämtliche Gespräche mit den Ärzten abgenommen. Ruhig und sachlich erklärte er mir die Diagnose, die schnell gestellt wurde: zerebrale AVM (arteriovenöse Malformation). Seine Frau hielt meine Hand. Es tat gut, dass ich nicht alleine war.

Völlig unvorhergesehen und ohne jede Vorwarnung schlug das Schicksal mit diesen knappen Worten zu. Es hatte keine Anzeichen, keine Vorboten, keine Symptome gegeben. Nur eine Arterie und eine Vene, die unglücklicherweise in Stephans Kleinhirn zusammengewachsen waren. Ein unerkannter Geburtsfehler. Extrem selten mit einer Häufigkeit von nur etwa 0,01 %. Diese tickende Zeitbombe in seinem Kopf brauchte nach dem Platzen nur zwei Tage, um das Leben meines Mannes auszulöschen.

Da die Blutung sein Hirn anschwellen ließ, musste er noch abends notoperiert werden. Man schickte mich nach Hause, da ich in dieser Situation ohnehin nichts für ihn hätte tun können. Gegen Mitternacht sollte ich mich beim Pflegepersonal melden. Was ich auch tat. Ich war überglücklich, als man mir mitteilte, mein Mann habe die Operation gut überstanden und es ginge ihm den Umständen entsprechend gut.

Da Stephans Schwester, meine Schwägerin Christiane,

die in Neuseeland lebt, bereits auf gepackten Koffern saß, habe ich zunächst Entwarnung gegeben.

Am nächsten Morgen gegen 6 Uhr klingelte das Telefon ununterbrochen. Verschlafen nahm ich das Gespräch entgegen. Die Oberärztin der Intensivstation meldete sich mit einer gefassten, aber sehr ernsten Stimme, die meine Beine zittern ließ: Ich habe ja bereits nachts vom Pfleger gehört, wie schlecht es um meinen Mann stehen würde. Er habe während der Operation eine Lungenembolie erlitten, die Beatmung sei äußerst schwierig gewesen. Irreparable Hirnschäden seien die Folge des fehlenden Sauerstoffs und der extremen Hirnblutung.

Ich flehte sie an, sie müsse sich vertan haben. Man habe mir um Mitternacht doch das Gegenteil versichert. Die Oberärztin erklärte darauf, es seien zeitgleich zwei Intensivfälle operiert worden, gleichen Alters. Offenbar hätte ich leider die falsche Diagnose bekommen.

Gott sei Dank war ich in diesen Stunden nicht allein mit meinen Kindern zu Hause. Meine Schwägerin Britta und ihre Tochter Lisa waren sofort zu uns geeilt. Es tat gut, dass sie einfach da waren und sich um alltägliche Dinge wie Essenkochen und dergleichen kümmerten. Vor allem haben sie mir das Telefon vom Hals gehalten. Ich war nicht in der Lage, allen, die anriefen, immer wieder das Gleiche, diesen Albtraum, zu berichten. Mir fehlte jegliche Kraft zum Reden. Kurioserweise wollte ich allerdings unbedingt putzen, was ich auch inbrünstig tat. Vielleicht hatte ich nur das Bedürfnis, etwas »Normales« zu tun, um nicht durchzudrehen.

Dann bin ich mit Lisa in die Klinik gefahren. Ich fühlte mich wie in einer Blase gefangen, als würde mich das, was passiert ist, nicht erreichen und nichts angehen. Als wäre es nicht wichtig. Mein Innerstes hat sich damit wohl Abstand und eine kleine Pause von all dem Schweren genommen. Es ist wundersam, wie es der menschlichen Seele gelingt, sich selbst zu schützen.

Unser Leben hatte sich mit einem Schlag verändert. Ich dachte immerzu nur an das, was geschehen war. Hätte ich etwas anders machen können? Hätte ich irgendetwas bemerken müssen? War ich ausreichend da, für Stephan in der Klinik und für meine Kinder zu Hause? Ich wollte es allen recht machen.

Die neuen Tatsachen waren fernab aller Vorstellungskraft. Sie kamen so überraschend, waren grausam und anders als alles zuvor Dagewesene: Die Diagnose konnte nicht stimmen, die Ärzte mussten sich irren. Mein Mann würde bestimmt wieder gesund werden, mit 57 Jahren darf man nicht sterben! Ich wollte einfach nur zurück zu Stabilität und Sicherheit. Zurück zu vertrauten Dingen. Genau deshalb habe ich das Schlimme einfach verdrängt. Die Realität ausgeblendet.

Der Mensch besitzt nichts
Edleres und Kostbareres als die Zeit.

Ludwig van Beethoven

DEIN LEBEN ENDET – UND MEINS BEGINNT NEU

Am nächsten Morgen rief mich wieder die Oberärztin an: Stephan ginge es extrem schlecht, sein Zustand sei nun infaust, dies bedeute, er würde noch im Laufe des Tages sterben. Die Hirnblutung sei fatal, es sei keinerlei Hirnaktivität auf Reize mehr festzustellen. Ich solle mich erst ein wenig sammeln, dann aber möglichst bald in die Klinik kommen. Mein Leben stand innerhalb von zwei Tagen komplett auf dem Kopf.

Da liegst du und schwitzt. Mechanisch wird Luft in deine Lungen gepumpt. Ich halte dich ganz fest in meinem Arm und sage dir, dass wir bei dir sind und dich lieben. Eine Hand halte ich, die andere hält Lisa ganz fest.

Ich weiß nicht, was ich gedacht habe. Da war nur noch Leere in meinem Kopf. Ich war überwältigt von Lisas Mut, mir beizustehen. Ich fragte mich, ob ich es mit 24 Jahren gekonnt hätte? Sie wusste genau, was passieren würde. Und trotzdem stand sie völlig selbstverständlich neben mir, obwohl sie genauso wie ich um Fassung rang.

Ein junger Arzt nahm mich zur Seite und bat um meine Zustimmung für eine Organspende. Mein Mann würde jetzt sterben und ich hätte die einmalige Gelegenheit, Kinder zu Weihnachten glücklich zu machen, wenn ihre Eltern ein Spenderorgan bekämen. Weihnachten? Kinder glücklich machen? Was hat das jetzt mit uns zu tun? In diesem Moment fühlte ich mich in die Enge getrieben und sah nur meinen sterbenden Mann vor mir liegen. Wir hatten nie intensiv über das Thema Organspende gesprochen. Ich wusste, dass Stephan hin- und hergerissen war, ob er es jemals wollte. Also habe ich abgelehnt. War das egoistisch? Ich weiß es nicht. Hat man mir Zeit zur Entscheidung gegeben? Nein! Würde ich heute anders entscheiden? Ja!

»Bis dass der Tod euch scheidet!« Jetzt ist es so weit! Der Mann, den ich vor 22 Jahren geheiratet habe, ist dabei, diese Welt zu verlassen. Ich wünschte, ich wüsste, wie das für ihn ist. Ich will ihn fragen, wie es dort ist, wo er gerade hingeht. Ich will mit ihm gehen. Aber ich weiß, dass ich das nicht kann. Unser Weg teilt sich jetzt für immer und es ist Zeit, Lebewohl zu sagen.

Die Seelsorgerin, die die Oberärztin gerufen hatte, segnete ihn. Stephan war nicht gläubig gewesen, er hatte immer gesagt, er glaube nur an gutes Essen und Trinken, und hoffe, dass es im Himmel genug davon gäbe. In diesem

21

Moment konnte er sich gegen die Segnung, die für mich wichtig war, nicht wehren. Sie wandte sich ihm zu: »Dein Leben endet nun.« Danach wandte sie sich zu mir: »Und Ihres beginnt neu!«

Ich muss noch heute oft an diese Worte denken. Wie recht sie hatte, mein Leben begann von diesem Moment an neu.

Lisa und ich erzählten der Oberärztin und der Seelsorgerin von Stephan und was ihn ausmachte. Warteten gemeinsam auf das Unvermeidliche. Als sein Herzschlag langsamer wurde, begann meiner schneller zu werden. Irgendwie standen wir wohl beide zwischen den Welten. Ich konnte nicht weinen. Der Oberärztin rannen die Tränen übers Gesicht.

In dem Moment, als er gegangen ist, habe ich ihn für einen Moment gespürt. Er war aus seinem Körper entschwunden. Vor mir lag nur noch die Hülle, in der sein Herz bis vor wenigen Augenblicken geschlagen hatte. Diese Hülle war jetzt leer. »Bist du trotzdem noch hier?« Sein Körper war leblos. Mein Körper war fühllos.

Die Krankenschwester bat uns aus dem Zimmer, damit sie ihn von seinen vielen Schläuchen und Zugängen befreien konnte. Wir sollten ihn noch einmal so sehen können, wie er war.

Ich vermisste Stephan schon in den ersten Minuten, die ich ohne ihn war. Ich erinnere mich, wie ich mich in dem kühlen Krankenhauszimmer umsah und die Stille des Moments wahrnahm. Alle hatten den Raum verlassen und ich stand allein mit Lisa im Arm vor meinem toten Mann. Die Zeit blieb stehen und ich schaute ihn an. Dann nahm ich den ersten tiefen Atemzug in diesem neuen Leben.

Mein Körper kam mir fremd und leer vor. Ich fühlte mich so verloren wie noch nie in meinem Leben. Es war tatsächlich geschehen: Mein Mann war tot. Für immer. Die Stille, die ich in diesem Zimmer erfuhr, zeigte sich auch körperlich. Die Stille der Trauer greift deinen Körper an, hinterlässt ihre Spuren. Das Leben verlangsamt sich. Ich empfand nur Unglauben. Ich konnte nicht verstehen, dass ich ihn nie mehr wiedersehen würde. Ich bezweifelte sogar, dass er tot war. Aber er lag so fremd und still vor mir. Ich hoffte immer, er würde wieder einen Atemzug nehmen. Aber es blieb nur Stille, Stille, Stille. Verschwommen sah ich an der Wand einen Plastikbeutel mit seiner Armbanduhr und seiner Wäsche, riss ihn an mich, nahm ihn mit und habe später zu Hause alles unter mein Kopfkissen gelegt.

Darauf war ich nicht vorbereitet. Sein Sterben hatte mich eiskalt erwischt. Ich wollte es nicht wahrhaben, dass er mich alleingelassen hat. Zweifellos ohne jede Schuld, trotzdem war es so. Nach 22 Ehejahren und zwei Kindern wollte ich das alles nicht glauben. Er war einfach gestorben, ohne sich zu verabschieden. Der Schmerz saß so tief, dass ich innerlich völlig erstarrte. Ich war gerade noch dazu in der Lage, meinen Kindern zur Seite zu stehen.

Ich stellte mir die Frage nach dem Warum? Warum muss mir das nur passieren? Was habe ich getan, dass das Leben den Kindern und mir so viel abverlangt? Leider bekam ich keine Antworten darauf.

Sogar die dunkelste Nacht wird enden
und die Sonne wird aufgehen.

Victor Hugo

DIE ERSTEN TAGE
ALS WITWE: SURREAL

Anfangs begriffen meine Jungs und ich gar nicht, was passiert war, konnten uns nicht vorstellen, dass Stephan wirklich tot war. Da waren eine solche innere Leere und ein Gefühl der Unwirklichkeit, als hätte jemand auf die Pausetaste gedrückt. Die Welt um uns herum bewegte sich wie im Zeitlupentempo. Auf das, was geschehen war, waren wir überhaupt nicht vorbereitet. Es fühlte sich so absurd an, als würde jemand behaupten, die Erde sei eine Scheibe. Dabei wissen wir doch, dass sie rund ist. Aber wir hielten fest zueinander und haben uns gefangen. Wie sehr ich unsere Jungs liebe! Stephan wäre stolz auf sie gewesen.

Doch der Schmerz, den ich dabei empfand, meine Kinder trauern zu sehen, lässt sich nicht in Worte fassen. Niklas und Hendrik reiften und alterten dabei um Jahre. Es zerriss mir das Herz. Aber niemand hätte ihnen das Leid in diesem Moment abnehmen können. Ich wusste, dass sie sich nun auf meine Stärke verlassen würden.

Niklas war damals 21 und steckte mitten in der Abschlussprüfung seiner Ausbildung. Hendrik stand kurz vor seinem 14. Geburtstag. Schlagartig endete ihre unbeschwerte Jugend, von einem auf den anderen Tag mussten die Kinder stark und erwachsen sein. Sie bekamen nichts mehr an väterlicher Zuwendung und Zuneigung. Von Stephan blieben ihnen nur Vermächtnis und Erinnerung.

Ich finde es noch immer so unglaublich unfair, dass meine Kinder mit einer solch schweren Bürde aufwachsen und leben müssen und ihnen nicht das Glück vieler anderer vergönnt war, eine unbeschwerte Jugend zu haben. Nicht dass ich dieses Glück anderen Kindern nicht gönne, ganz im Gegenteil: Jedes Kind sollte sorgenfrei aufwachsen dürfen, das würde ich mir von Herzen wünschen.

Aber solange das nicht der Fall ist und es derart extreme Unterschiede gibt, müssen wir aufhören, an alle Kinder die gleichen Erwartungen zu stellen und sie über einen Kamm zu scheren. Stattdessen sollten wir genau hinschauen und differenzieren, was jedes einzelne Kind erlebt hat. Kinder, die in frühen Jahren bereits mehr schlimme Erfahrungen machen mussten als manch Erwachsener, deren Welt einmal komplett auf den Kopf gestellt wurde und die das alles irgendwie verarbeiten müssen, können nicht gleichzeitig genauso leistungsfähig sein und so funktionieren, wie es Kinder ohne diese Erfahrungen tun.

Kurz nach Stephans Tod rief mich unser Hausarzt an. Ich konnte an seiner Stimme hören, wie sehr ihn unser Schicksal getroffen hatte. Er sprach an, dass es Medikamente gegen diesen Schmerz gab. Aber ich lehnte alles ab und hielt mich an das Ritual meiner Großmutter in guten wie in schlechten Zeiten: Jeden Abend ein Gläschen Wein – oder Schnaps!

Manchmal dachte ich, ich würde zusammenbrechen. Und oft wollte ich nichts mehr als das. »Das wäre das Einfachste«, erklärte ich Lisa und meiner Schwägerin Christiane, die mittlerweile aus Neuseeland eingetroffen war. Doch ich konnte nicht. Jeden Tag stand ich auf und tat, was zu tun war. Tage vergingen und irgendwie funktionierte ich.

Alles schmeckte wie Pappe, ich hatte keine Geschmacksnerven mehr. Das Einzige, was ich runterbrachte, war ein weich gekochtes Ei mit ein wenig Brötchen. Das stellten Christiane und Lisa mir jeden Morgen auf den Frühstückstisch. Nach und nach steigerte ich mich auf ein halbes Brötchen. Essen, Trinken und Schlafen fielen schwer.

»Wenn es einer schafft, mit so einem Schicksalsschlag fertigzuwerden, dann bist du es, mein Schatz! Du hast so viel Kraft und Stärke in dir, dass du wieder lachen wirst, das verspreche ich dir.«

Das war das Erste, was meine Mutter mir am Telefon sagte, nachdem wir nach Stephans Tod miteinander telefonierten. Ich war am absoluten Tiefpunkt meines Lebens angekommen. Irgendwie spürte ich nach diesen beiden Sätzen eine leise Aufbruchstimmung in mir, die ich natürlich noch nicht einordnen konnte. Es war wie bei einer Parabel: Vom tiefsten Punkt aus geht es aufwärts.

»Ruf mich an, wenn Du was brauchst. Ich bin immer für Dich da.« Diese Sätze haben mir viele Nachbarn, Bekannte und auch Freundinnen geschrieben. Gut gemeinte Sätze. Wenn ich die Kraft gehabt hätte, hätte ich trotzdem mein Handy auf den Boden geworfen. Ja, ich brauche euch! Ich brauche etwas! Aber was? Woher soll ich das wissen? Ich war noch nie Witwe!

Heute weiß ich, dass man niemals Trauernden die Initiative überlassen sollte, sich in einer Krise zu melden. Die meisten Leute schaffen es bei ganz alltäglichen Problemen schon nicht, andere um Hilfe zu bitten. In einer Trauersituation ist das noch viel schwieriger.

Besser sind konkrete Angebote für Menschen, die gerade einen Verlust erlitten haben: »Ich gehe morgen einkaufen, kann ich dir was mitbringen?« oder »Heute Nachmittag gehe ich spazieren, magst du mitkommen?«

Ich war sehr dankbar für die vielen Beileidsbekundungen, die bereits am Tag nach Stephans Tod bei uns eintrafen. Zeigten sie mir doch, wie sehr Stephan geschätzt worden war. Es waren lange Briefe dabei, die einfühlsam geschrieben waren und uns trösteten. Die Kinder freuten sich über eigene Briefe, die direkt an sie adressiert waren und ihnen Mut zusprachen. Es geht nie um die großen Worte, es geht immer um die kleinste Art des liebevollen Miteinanders mit dem klaren Signal: Ihr seid nicht allein!

Allerdings wunderte ich mich über Kondolenzen, die als SMS oder per WhatsApp kamen. Teilweise stand da sogar ohne Anrede: »Mein Beileid.« Es wirkte ein bisschen wie: Fertig, aus, Haken dran, von der To-do-Liste gestrichen! Ich glaube, dabei geht eines heutzutage generell schnell verloren: dass Menschen sich für Menschen Zeit nehmen.

Die Helden in diesen schweren Tagen waren die besten Freunde meiner Jungs. Welche Last haben sie auf sich genommen, um unser Haus zu betreten und meinen Kindern beizustehen! War es immer still und traurig im Haus? Nein! Wir haben zusammen geweint, aber auch zusammen gelacht. Es wurden Spiele gespielt, einfach nur »gechillt« oder gemeinsam Filme geschaut.

Rückblickend bin ich noch immer gerührt von dem unglaublichen Maß an Hilfsbereitschaft, das mir zuteilwurde. Es war, als hätte ein riesiges Erdbeben aus dem Nichts mein Leben ruiniert, aber prompt rollte die Katastrophenhilfe samt Seelsorgeteam an. Meine Familie und unsere engsten Freunde eilten herbei und organisierten mein Privatleben neu – meine Chefin reorganisierte mein Berufsleben.

Insgeheim habe ich die Realität in diesen Tagen jedoch geleugnet. Habe mir vorgestellt, Stephan würde gleich zur Tür hereinkommen und erklären, alles sei nur ein schlechter Traum gewesen und er bliebe bei uns. Ich wurde wütend auf alle, die ich wegen Banalitäten im Supermarkt mit ihrem Partner meckern sah, auf alle, die weiterleben durften. Auch auf Leute, die sich gehen ließen, war ich wütend. Warum durften die leben und mein Mann nicht? Aber das Leben geht für alle anderen ganz normal weiter, so grausam es sich für die anfühlt, die jemanden verloren haben und betrauern. Und immer wieder quälte mich die Frage: »Warum mein Mann?«

Die Gefühlswelt, durch die wir gehen, wenn wir trauern, ist schwer mit Worten zu beschreiben. Wer schon einmal starke Zahnschmerzen hatte, weiß, dass diese lästig und unangenehm, aber mit einem Besuch beim Zahnarzt loszuwerden sind. Nachdem man einen Termin ausgemacht hat, sitzt man ängstlich auf dem Stuhl, erträgt Betäubungsspritze und Behandlungsprozedur, um sich anschließend erleichtert zu verabschieden. Bei aller Dankbarkeit wissen wir, dass der Zahnarzt Dienstleister ist und wir uns seiner Hilfe sicher sein können.

In der Trauer sieht es anders aus. Schmerzen? Höllisch! Betäubung? Fehlanzeige!

»Melde Dich, wenn Du was brauchst!« Dieses Angebot prasselt geradezu unzählige Male auf uns ein. Und genau dort beginnt das Absurde: Wir Trauernde sind einfach nicht in der Lage, uns zu melden. Wir sind betäubt vom Schmerz, von der Sehnsucht, von der Brutalität der Endlichkeit. Wir brauchen keine Dienstleister, die uns den Schmerz nehmen, als ginge es um einen kranken Zahn.

Wir brauchen Menschen, die beständig an unserer Seite bleiben, die den Schmerz mit uns tragen, wahre Helden des Alltags. Menschen, die uns auch in unserem Kosmos der Trauer von Herzen lieben und uns durch ihre pure Anwesenheit einen großen Dienst erweisen.

Jedes noch so ungeschickte Wort, mit dem derjenige, der es sagt, nicht zufrieden ist (weil es ihm vielleicht nicht ideal erscheint), ist besser als gar keins. Ein Beispiel: Mein engster Freund seit Kindertagen schrieb mir noch am Tag, an dem Stephan ins Krankenhaus kam, diese WhatsApp: »Mensch Silke, ich weiß gar nicht, was ich sagen soll, es ist so schrecklich. Ich denke ständig an Dich und die Jungs.«

Genau so eine ungeschönte Nachricht, die aber von Herzen kommt, reicht völlig, um zu signalisieren: »Mir fehlen die Worte, aber ich denke an Dich und Du bist nicht allein.«

Auch jeder kurze Besuch ist besser als gar kein Besuch. Trauernde sind natürlich schwer zu ertragen, weil sie plötzlich lachen, dann wieder heulen und keiner weiß, was als Nächstes kommt. Das stoisch auszuhalten und in der Nähe zu bleiben hilft. Trauernde können nicht artikulieren, was sie wollen, weil sie es oft selbst nicht wissen.

Deshalb rate ich: Gehen Sie einfach vorbei und bringen Sie etwas zu essen mit. Denn wenn die warme Suppe im Topf erst vor einem steht …

Als der Mann einer Freundin vor einigen Jahren aus heiterem Himmel am plötzlichen Herztod verstarb, bin ich tagelang mit einem großen Topf warmer Suppe zu ihr gegangen. Zuerst wollte sie nichts davon essen. Wie bei einem Kleinkind habe ich ihr zugeredet: »Für jeden deiner drei Söhne nimmst du jetzt mindestens einen Löffel!« Es geht also nicht um große Worte, sondern nur darum, einfach da zu sein.

Heute lachen wir oft über die verschiedenen Suppen, die ich damals kochte. Es gab gelbe, grüne und klare Suppen und was ihr und den Kindern in Erinnerung blieb: Es duftete im ganzen Haus nach einer warmen Mahlzeit – ein Stück Normalität.

Ich halte nichts davon, die Augen vor der Realität zu verschließen. Deshalb bin ich der Meinung, dass jeder trauernde Mensch besonders am Anfang – immerhin hat der Blitz gerade erst eingeschlagen – Verständnis für negative Gedanken, Mutlosigkeit und Pessimismus verdient. Schließlich steht er gerade einem Scherbenhaufen gegenüber. Wann, wenn nicht in dieser Situation, darf man sein Leben denn anzweifeln? Wann ist es einem schon mal vergleichbar schlecht gegangen?

Im übertragenen Sinne bin ich damals auch gestorben. Weil das Leben, wie ich es bis dahin gelebt hatte, eben so nicht weiterging. Das musste ich akzeptieren, damit wieder ein neues Leben anfangen konnte. Ein Leben ohne Stephan. Das war ein langer und mühsamer Prozess.

Trauer ist also auch der Entstehungsprozess zu einer veränderten Person. In diesem zunächst unsagbaren

Schmerz liegt bereits der Keim des neuen Lebens. Es ist grauenhaft, das so zu sagen, aber es ist so. In dem Moment, in dem der andere stirbt und man selbst mitstirbt, fängt man bereits an, eine andere Person zu werden.

Weine nicht, weil es vorbei ist,
sondern lächle, weil es so schön war!

Unbekannt

DER ABSCHIED:
WILLKOMMEN IM FALSCHEN FILM

Instinktiv habe ich mich bei der Planung der Trauerfeier an den Tipp der Anonymen Alkoholiker gehalten, die Abstinenz immer nur für die Spanne eines einzigen Tages planen. Jeden Morgen habe ich mir gesagt: Niklas, Hendrik und ich müssen die nächsten 24 Stunden einigermaßen gut überstehen.

Es sollte um eines gehen: um Stephan, sein Leben und seine Persönlichkeit. Dabei wollten wir dankbar zurückschauen und die schönen Erinnerungen vor Augen führen. Pathos oder eine aufgesetzte Sprechweise wie »unser lieber Verstorbener« wollten wir nicht zulassen. Jeder würde wissen, warum er gekommen war, das sollte nicht extra betont werden. Mit Hilfe unseres Bestatters haben wir die perfekte Trauerrednerin gefunden, die verstanden hat, was uns wichtig war.

Ich fragte mich, ob es die ideale Trauerfeier eigentlich geben konnte. Ein Abschied, bei dem die Balance glückte zwischen dem, was der Verstorbene, in dem Fall Stephan, gemocht hätte, und dem, was die Kinder ertragen konnten. Dazu die Überlegung, was mir gefallen würde. Außerdem war zu berücksichtigen, was die Konvention verlangt. Das alles musste ich in einer Zeit wuppen, in der jedes Rein-fühlen nur noch mehr Schmerzen verursachte. Für mich war die beste Trauerfeier keine perfekte Trauerfeier, aber eine, die für alle Beteiligten so schön wie möglich gestaltet wurde.

Wir haben uns für eine Trauerfeier in der Friedhofskapelle unseres Wohnortes entschieden. Die Kapelle schien uns perfekt: Sie war gut zu erreichen, groß genug für rund hun-dert Personen und ein nettes Lokal für den anschließenden Trösterkaffee (woanders auch Leichenschmaus genannt) lag direkt gegenüber. Die Bestattung sollte dann eine Woche später im engsten Kreis stattfinden.

Doch zunächst mussten wir beim Bestatter Sarg, Urne und Blumenschmuck aussuchen. Ich erinnere mich an den Ausstellungsraum. Wie in einem Möbelhaus liefen Chris-tiane, Lisa und ich umher. Diese Art Shopping war von einem anderen Kaliber als meine sonstigen Einkaufstouren durch Möbelhäuser, bei denen es meistens um neue Deko ging. Dieses Mal konnte ich nichts umtauschen, die Ent-scheidung musste beim ersten Mal sitzen, sie war so end-gültig wie der Anlass.

Ich überlegte, was Stephan wohl ausgesucht hätte, wenn es mich getroffen hätte. Er war sparsam bei Dingen, die wir nicht täglich brauchten und die nur eine kurze repräsentative Wirkung hatten. Der Sarg würde ohnehin am gleichen Tag noch verbrannt werden. Also ging ich zu einem schlichten, aber schönen Sarg, der dem recht emotionslosen Mitarbeiter des Bestatters wohl zu günstig erschien. Prompt kam sein Hinweis, der Sarg könne unten ausbrechen, da mein Mann ja eine »stattliche Figur« hätte. Wir sollten also besser ein anderes Modell nehmen, natürlich ein teureres. Für einen Moment wurde mir übel. Es war unglaublich, wie pietätlos Profit aus einer solchen Situation geschlagen wurde. Schließlich haben wir gemeinsam einen anderen schlichten Sarg ausgesucht sowie Kissen, Decke und eine taubenblaue Urne. Als Kleidung suchte ich ein blaues Poloshirt aus. Blau war Stephans Lieblingsfarbe gewesen. Dazu seine Lieblings-Jeans.

Es war unser Ziel, Stephan mit der Trauerfeier jene Würde zurückzugeben, die er in seinen letzten Lebenstagen verloren hatte. Es sollte ein würdevoller Rahmen werden, um seine Existenz auf der Erde zu beschließen. Stephan sollte so aufgebahrt werden, dass er noch einmal in den Kreis der Lebenden zurückgeholt wurde. Wir haben seine Lieblingsmusik ausgewählt, die immer lief, wenn er gut gelaunt im Kreise unserer Gäste war. Alle Trauergäste haben wir mit einbezogen, indem jeder am Sarg eine Kerze aufstellen konnte. Auf einer Leinwand haben wir viele Fotos aus Stephans Leben gezeigt. Er sollte sichtbar und in unserer Mitte sein. Seine Schwester Christiane hat eine großartige Rede gehalten. Es wurde sogar ein wenig geschmunzelt. Das hätte Stephan gefallen! Er hasste nichts so sehr wie Beerdigungen und sonstige Abschiede. Er sagte immer, dabei werde doch nur geheuchelt und das Leben des Verstorbenen rosarot dargestellt.

Es fiel mir schwer, ein zentrales Lied auszuwählen, das sich wie ein roter Faden durch die Trauerfeier ziehen sollte. Schließlich habe ich mich für das Lied »Das Leben ist schön!« von Sarah Connor entschieden.

Natürlich konnten wir unserer Situation nichts Schönes abgewinnen. Wenn man das Leben jedoch aus der Sicht derer, die gegangen sind, betrachtet, ist es sicher so, dass sie oftmals gar nicht möchten, dass wir traurig sind. Vor allem, wenn ein langer Leidensweg vorausgeht, kann der Tod auch eine Erlösung sein.

Ebenso ist es für diejenigen, die ein schönes Leben haben, oft so, dass sie ihren Lieben sagen: »Wenn ich einmal gehe, dann feiert einfach, dass ich da war!« Genau darum geht es in diesem Lied. Bei aller Trauer sollten wir nie vergessen, welch schöne Zeiten wir zusammen hatten. Ich würde jedenfalls nicht wollen, dass man mir hinterhertrauert, sondern dass man sich in Liebe daran erinnert, was man mit mir erlebt hat.

Zum Glück stammen Stephan und ich beide aus Familien, die füreinander da sind, wenn eine Katastrophe geschieht. Ich wusste das und verstand es als Ausdruck dessen, wie sehr sie uns liebten. Alle nahmen lange Wege auf sich, um uns in unserer schwersten Stunde beizustehen. Am Abend vor der Trauerfeier haben wir gemeinsam ein kleines Buffet für meine norddeutsche Familie gezaubert und unkompliziert gemeinsam gegessen, geweint und gelacht.

Dabei haben wir den Wein getrunken, den Stephan für Besuch sonst »zu schade« fand. Als Digestif gab es seinen besonderen Schnaps aus Kroatien, den er ebenfalls vor Gästen »schonen« wollte. Als ich irgendwann mit meinem Bruder allein war, sagte er: »Man könnte gar nicht meinen, dass morgen so ein schwerer Tag sein wird.« Im ganzen Haus lagen Matratzen für die Trauergäste, sogar Nachbarn haben unsere Verwandtschaft bei sich zu Hause aufgenommen.

Am Tag der Trauerfeier hatten wir auch noch unsere engsten Freunde nach Hause eingeladen. Nachdem wir uns mit einer Suppe gestärkt hatten, gingen wir gemeinsam zur Friedhofskapelle.

Dass wir alle so zusammengehalten haben, hat mich sehr berührt und mir geholfen. Es war ein schlimmer Tag. Und doch war es schön zu sehen, wie wir füreinander da waren. Dabei ging es gar nicht um große Reden oder bedeutsame Worte. Es reichte, einfach nur da zu sein und sich in den Arm zu nehmen. Das war ein guter Trost.

Als die Trauerfeier begann, hatte ich keine Gefühle mehr, noch nicht einmal Tränen der Trauer. Ich wollte weinen, konnte es aber nicht, war wie erstarrt. Viele um mich herum weinten, doch in mir war alles blockiert. Das Novemberwetter glich meinem Innersten, denn seit einer Woche war sämtliche Farbe aus meinem Leben verschwunden.

Die Glocken dröhnten und hatten für mich dabei etwas Bedrohliches. Genauso grotesk wie dieser Gedanke war die ganze Situation. Wie konnte das alles nur passieren? Wer war verantwortlich für diese Katastrophe in unserem Leben? Es war, als würde ich einen Film sehen. Dass ich darin eine der Hauptrollen besetzte, erschien mir völlig unwirklich.

Überwältigend war, wie viele Gäste zur Trauerfeier gekommen waren. Die Trauerhalle war bis auf den letzten Platz gefüllt. Ich nahm die einzelnen Personen zwar nur schemenhaft wahr. Aber ich spürte in diesem Moment, wer zu uns stand und wer nicht. Wer für uns da war und wer nicht. Diese Erkenntnis war hilfreich, andere bekommen vielleicht nie die Gelegenheit, das herauszufinden.

Stephan wurde in seiner blauen Urne eine Woche nach der Trauerfeier in einem Friedwald im engsten Kreise beigesetzt. Ich trug die Urne auf seinem letzten irdischen Weg über Rosenblüten. Mein Neffe Philip hatte für Stephan das Lied »Tears in Heaven« von Eric Clapton auf der Gitarre eingespielt und wunderschön dazu gesungen. Als ich die

Urne ins Grab legte, spielten wir es vom Handy ab. Ich war froh, dass wir unter uns waren, denn ich war zu erschöpft, um mitleidsvolle Blicke zu ertragen. Wir lagen uns in den Armen und die Zeit stand still.

Wer hat gesagt, dass das Leben fair ist?

DAS LEBEN LEBT WEITER

Es lässt sich nicht vermeiden, dass wir während unserer Trauer auch außerhalb unserer geschützten Mauern Menschen begegnen. In unserem Schmerz sind wir sehr sensibel und dünnhäutig, aber gerade jetzt werden wir unerwartete Reaktionen bewältigen müssen. Das liegt weniger an der Herzlosigkeit der anderen als vielmehr daran, dass der Tod in unserem Kulturkreis immer noch ein großes Tabu ist. Keiner von uns hat gelernt, damit umzugehen.

Es kann sein, dass diejenigen, mit denen man sich sonst lebhaft unterhalten hat, plötzlich stumm werden oder belanglose Dinge erzählen, als ob nichts geschehen sei. Ich habe auch manche erlebt, die mein Leid zum Anlass genommen haben, um egozentrisch und detailliert über eigene Verluste zu klagen. Trauernden ungefragt eigene Horror-Erfahrungen zuzumuten, das ist wirklich ein absolutes No-Go! Es scheint eine Art Talkshow-Syndrom zu sein, dass manche glauben, immer mit passenden Erlebnissen aufwarten zu müssen. Das mag nicht bös gemeint sein, doch wir wollen und können es einfach nicht hören. Wir haben leider gar keine Energie, um uns auch noch mit der seltenen Tumorerkrankung der Cousine einer Bekannten einer Nachbarin auseinanderzusetzen.

Was ich tatsächlich auch zu hören bekommen habe, war das Kompliment: »Du siehst ja richtig gut aus, so schön schlank geworden.« Mag sein, immerhin habe ich seit der Pubertät nicht mehr so wenig gewogen wie nach Stephans Tod.

Auch mit unbedachten Bemerkungen wie »Sei froh, dass du keinen Schwerstpflegefall zu Hause hast« oder »Du hast es doch gut, du bist finanziell abgesichert und stehst auf eigenen Beinen« müssen Sie rechnen, wenn Sie Ihren Partner verloren haben.

Leider macht uns ein solches Verhalten nur noch einsamer, als wir es ohnehin schon sind. Instinktiv habe ich solchen Leuten gesagt: »Darüber möchte ich jetzt nicht sprechen, es fällt mir zu schwer.« Damit habe ich klar Grenzen gesetzt und selbst entschieden, wem ich wie viel von meinem Kummer mitteilen wollte.

In unserem Schmerz brauchen wir hingegen Menschen, die uns ehrlich ihre Anteilnahme aussprechen, die zuhören, bei denen wir weinen dürfen. Die uns in den Arm nehmen, die einfach bei uns sind.

Diejenigen, die nicht darüber zu reden wagten oder unbeholfen Floskeln äußerten, um zu trösten, verstärkten meine Einsamkeit nur. Wenn jemand mich fragte »Wie geht es dir?«, fasste ich dies eher als Begrüßungsfloskel und nicht als echtes Interesse an mir auf. Am liebsten hätte ich die Frager angeschrien: »Mein Mann ist gerade gestorben. Was glaubst du wohl, wie es mir da geht?« Solche Fragen verletzten mich, weil damit nicht anerkannt wurde, dass etwas Außerordentliches passiert war.

Besser ist es, zu beobachten, als zu handeln, lieber zuzuhören, als selbst zu reden, lieber zu folgen, als zu führen. Damit wird Trauernden ihre Würde und Selbstbestimmtheit gelassen. Die begleitende Trauerarbeit besteht darin, Fragen zu stellen, und nicht darin, Antworten zu geben.

Wie kann man sich also stattdessen nach einem Trauernden erkundigen? Es reicht schon, die Frage »Wie geht's Dir?« um nur ein Wort zu erweitern und zu fragen »Wie geht es Dir HEUTE?«. Dann ist es einfacher, sie zu beantworten. Denn in der Trauer gibt es gute und schlechte Tage. Oder Sie fragen: »Wie fühlst Du Dich gerade?« In der Trauer ändert sich die Stimmung nämlich nicht nur von Tag zu Tag sondern im Zweifel auch von Minute zu Minute. Außerdem gibt diese Frage die Möglichkeit, Gefühle einmal konkret auszusprechen. Die haben nämlich leider immer noch viel zu wenig Platz in unserer Gesellschaft. Bitte stellen Sie diese Fragen jedoch nur, wenn sie sich wirklich für die Antwort interessieren und Zeit haben, sie sich anzuhören.

Dennoch ist es für die Trauernden wichtig, sich sofort ins Leben zurückzubegeben. Ich bin direkt am Tag nach

Stephans Tod in den Supermarkt gegangen. Das fiel mir enorm schwer, aber ich wollte mich auch nicht verstecken. An meiner Seite war Lisa. Wir sind kurz vor Ladenschluss rein, alles ging schnell. Gott sei Dank war da nur ein Freund meiner Jungs, der uns ohnehin schon besucht hatte.

Der erste Besuch bei Stephans Lieblingsmetzger verlief leider weniger gut. Ich war an diesem Tag ohnehin in schlechter Verfassung, wollte es aber unbedingt erledigen. Im Laden waren einige Leute, die mich kannten. Sie sahen mich mitleidsvoll an, nickten mir zu, ohne mich anzusprechen. Als ich endlich an der Reihe war, versagte meine Stimme. Meine Knie zitterten und ich bekam eine Panikattacke. Ich drehte mich um, murmelte etwas wie »Portemonnaie vergessen« und lief, so schnell ich konnte, raus an die frische Luft. Ich fühlte mich schrecklich, wie eine Versagerin.

Ich musste erst lernen, mir zuzugestehen, fortan auf mein Bauchgefühl zu hören, bevor ich solche Gänge antrat. Schaffe ich das an diesem Tag, schaffe ich es allein oder brauche ich vielleicht Begleitung?

Aus falscher Scham oder vielleicht auch Unsicherheit wagte es ohnehin kaum jemand, nach Stephans Tod mit mir über meinen Verlust zu sprechen. Ich kämpfte sozusagen gegen die Sprachlosigkeit und hatte gleichzeitig ein enormes Redebedürfnis, wollte meine Gefühle teilen.

Meine engsten Freunde hatten ein Netz um mich gesponnen, in welches ich mich jederzeit fallen lassen konnte und dabei getragen wurde. Ich war nie allein. In den ersten Wochen war immer jemand von ihnen an meiner Seite oder erreichbar. Insbesondere die Wochenenden waren schwer für mich. In meinem alten Leben hatte ich mich immer auf sie gefreut, jetzt aber führten sie mir unbarmherzig vor Augen: Ich bin allein – ohne Partner.

Auch Menschen, die Trauernden ehrliches Mitgefühl entgegenbringen, stehen vor Herausforderungen: Vor allem die Dauer der Trauer kann belastend sein. Wenn Hinterbliebene nach Monaten oder einigen Jahren immer noch so traurig sind, ziehen sich manchmal auch diejenigen zurück, die am Anfang Verständnis zeigten. Sie werden ungeduldig, insgeheim sind die Trauernden ihnen vielleicht sogar lästig – wer weiß. Womöglich sagen sie sich: »Langsam kann ich es nicht mehr hören.« Ihre Abwehr ist nur menschlich.

Wir als Trauernde können keinen größeren Fehler machen, als das Mitgefühl der anderen zu sehr zu strapazieren. Selbst die Bereitschaft der besten Freunde zum Zuhören erlahmt, wenn wir es nicht bald schaffen, auch wieder an ihrem Leben und ihren Problemen Anteil zu nehmen. Wir müssen also ein gewisses Maß an Selbstdisziplin aufbringen. Schaffen wir das nicht aus eigener Kraft, können wir professionelle Hilfe in Anspruch nehmen.

Es gibt speziell in Trauerarbeit geschulte Therapeuten. Diese hören sich unsere Geschichte so lange und so oft an, wie es nötig ist. Weder brauchen wir Rücksicht auf sie zu nehmen noch dankbar dafür zu sein.

Während Freunde oft genau das sagen, was wir hören wollen, spiegelt uns ein Therapeut die eigenen Sicht- und Verhaltensweisen wider und hilft uns, den Alltag besser zu meistern. Kurzum: Wir lernen, uns selbst in schwierigen Zeiten zu trösten und aufzurichten.

Hilfe anzunehmen ist also ein ganz wichtiger Aspekt. Beinahe noch bedeutsamer ist jedoch der Punkt, an dem Sie erkennen, dass Hilfe nötig ist. Einerseits geschieht dies durch Sehen, und zwar in das eigene Spiegelbild. Fragen Sie es: »Wie geht es mir eigentlich?« Hören Sie in sich hinein und schauen Sie sich dabei in die Augen. Andererseits durch Fühlen: Die wichtigsten Signale kommen vom eigenen Körper und der Psyche. Fühlen Sie in sich hinein, nehmen Sie sich selbst wahr. Dazu gehören Aufmerksamkeit, Ehrlichkeit und Entschlossenheit.

Der Volksmund tröstet übrigens schnell: »Alles im Leben hat seinen Sinn.« Daran glaube ich nicht. Es gibt Dinge und Ereignisse, die sind einfach traurig, sinnlos und schwer zu ertragen. Ich finde es auch zynisch, darin etwas Gutes finden zu müssen. Lassen Sie Trauernde bitte erst mal in Ruhe mit der Aufforderung, einen Sinn in ihrem Leid zu sehen!

Der erste Besuch in Stephans Lieblings-Äppelwoi-Kneipe in Frankfurt verlief übrigens völlig anders: Meine Mutter war zu Besuch und die Jungs wünschten sich einen Besuch beim »Äppler«. Wir haben es genossen, dass uns keiner kannte und wir unter uns waren. Hinter uns stand eine Tischlampe, die immer wieder flackerte, sobald wir wegen irgendwas lachen mussten.

»Papa ist bestimmt hier und lacht mit uns, deshalb flackert die Lampe«, meinten die Jungs.

Es wäre zu schön, wenn es so gewesen wäre …

»Ich würde gerne die Bürokratie abschaffen.«
»Dann füllen Sie bitte dieses Formular aus.«
Volksmund

DEIN TOD UND DER PAPIERKRIEG – ODER: DIE HÖLLE HAT AUCH EINE BÜROKRATISCHE ABTEILUNG!

Von der Wiege bis zur Bahre, Formulare, Formulare.

Die erforderlichen Amtsgänge und Gespräche nach Stephans Tod waren die Hölle für mich. Erst recht das ständige Verschicken der Sterbeurkunde, auf der Stephan als »Verstorbene Person« in aller Kürze abgehandelt wurde: Familienname, Vorname, Todeszeitpunkt, Sterbeort, letzter Wohnsitz, Geburtstag, Geburtsort, Familienstand, Ehefrau. Ich stehe tatsächlich auf seiner Sterbeurkunde! Da hätte ich doch lieber auf seiner *Lebensurkunde* gestanden. Aber mit amtlicher Gefühllosigkeit wurde auf der Urkunde besiegelt, dass Stephans Leben erloschen war: am 07. November 2017, um 18.19 Uhr.

Es war unglaublich, wer diese Sterbeurkunde alles

haben wollte! Das hat mich mehrere Monate lang halbtags beschäftigt. Dabei war mein Fall einfach, schließlich habe ich nicht die Kronjuwelen geerbt. Aber schon der Standard war kompliziert genug. Kurz nach Stephans Tod weckte mich Niklas mitten in der Nacht auf: »Wenn wir nicht innerhalb von ein paar Tagen die Halbwaisenrente beantragen, wird die Frist ablaufen!« Das zumindest war Humbug aus dem Internet.

Ich beschloss, etwas Nachhilfe in Sachen Nachlassregelung und Rentenformalitäten zu nehmen, und war froh, dass ich meinen Cousin Lars als Rechtsanwalt zur Seite hatte. Von ihm bekam ich viele wertvolle Tipps. Mir brummte der Kopf vor lauter neuen Vokabeln. Viele Dinge musste ich mir einprägen, über die ich nicht unbedingt schon jetzt etwas wissen wollte. Ich hatte keine Ahnung, was da alles auf mich zukam. Auf keinen Fall wollte ich geldgierig sein oder lieblos wirken, aber ich beschloss, all das für uns zu beantragen, was uns zustand.

»Ihr Berliner Testament hat Sie zur Alleinerbin gemacht. Sie sind als Einzige in die Rechtsfolge Ihres Mannes eingetreten.« Ich interpretierte das als Lob meiner Notarin, dass wir dies vor vielen Jahren einmal handschriftlich festgehalten hatten. Alles musste gekündigt und auf mich überschrieben werden. Es war, als ob ich Stephans Leben übernehmen würde: sein Name runter, mein Name drauf. War ich jetzt er und lebte er in mir?

Dann wieder erneut Anträge zur gefälligen Ausfüllung. Einmal habe ich aus Wut und Verzweiflung einfach alles dick durchgestrichen und mit der Notiz versehen: Die Angaben seien bereits gespeichert, sie würden es mit ihren Formularen übertreiben und mein Mann sei zwischenzeitlich nicht wieder aufgewacht. Erstaunlicherweise gaben sie zumindest an dieser Stelle Ruhe.

Ich war froh, dass Stephan mir keinen Online-Nachlass vermacht hatte. Im Nirwana des Internets hatte er nie gefunden werden wollen. Also musste ich mich nicht mit sozialen Netzwerken herumschlagen wie andere Erben ohne Passwort. Das hätte er mir wahrscheinlich ohnehin nicht gegeben. Bei einem Facebook-Account hätte ich noch nicht einmal sein Profil auf den neuen Beziehungsstatus bringen können: »Es ist kompliziert!« Das hätte ihm gefallen.

Stephan hatte ein ausgeklügeltes System an Passwörtern und Geheimnummern, das er gut versteckt hatte. Zum Glück kannte ich das Versteck und war froh, alles zu finden. Zudem besaß ich eine Vollmacht für seine Konten. Ich wühlte mich tagelang durch seine Ordner, die mit handschriftlichen Notizen gespickt waren, und fühlte mich dabei wie eine Spionin. Seine Akribie hatte mich manchmal ziemlich genervt. Aber in diesen Momenten war ich ihm dankbar, dass er mir alles halbwegs geordnet hinterlassen hatte.

Nach einigen Monaten bekam ich einen Erbschein, meine Jungs mussten zunächst auf ihr Erbe verzichten.

Hendrik war nicht begeistert, dass er als Minderjähriger durch unser Testament einen gesetzlichen Vormund bekam, mit dem er sich treffen musste. Als ob ich eine Erbschleicherin wäre ...

Zwei Jahre später war ich mit dem Behördenkram immer noch nicht fertig. Es passiert sogar noch heute, dass irgendjemand Stephans Sterbeurkunde und den Erbschein anfordert.

Natürlich verstehe ich, dass alle nur ihren Job machen müssen und gewisse bürokratische Regeln ihren Sinn haben. Aber als ich damals nach einem halben Jahr die Rentenkasse anrief und fragte, wann ich denn mit der Zahlung des sogenannten Sterbevierteljahres rechnen könnte, entgegnete mir eine empathische Stimme am anderen Ende: »Also, Frau Pöhls, Ihr Mann ist für uns gerade mal unter der Erde und Sie fragen schon, wo das Geld bleibt? Sie sind nicht die einzige Hinterbliebene in Deutschland, um die wir uns kümmern müssen.« Dabei ging es um drei Monate volle Rente von Stephan, die mir als Witwe unmittelbar nach seinem Tod, ungeachtet meines Verdienstes, zustanden.

In dieser Zeit rotierte in meinem Kopf *alles* permanent auf Hochtouren. Weil ich mir so viele Sachen einfach nicht merken konnte, schrieb ich mir alles, was ich zu beachten hatte, auf kleine Notizzettel und sortierte sie nach Themen: Versicherungen, Notar, Bank, Vereine und vieles mehr.

Mein Bedarf an Post-it-Blöcken war immens. Eigentlich eine praktische Lösung. Dennoch schaute ich manchmal auf meine Füße, um zu prüfen, ob ich auch zwei gleiche Schuhe trug.

Ich erkannte mich selbst nicht mehr wieder. Permanent hatte ich etwas verlegt. Meine Sonnenbrille fand Hendrik eines Tages in der Kühltruhe wieder. Manchmal fragte ich mich, ob ich begann, langsam durchzudrehen oder dement zu werden. Vielleicht war es ein bisschen von allem. Ich fing an, meiner hochbetagten altersdementen Großmutter zu ähneln, die einst einen meiner Freunde gefragt hatte: »Entschuldigen Sie bitte, kennen Sie auch Kartoffeln?«

Irgendwo las ich dann, dass Gedächtnisverlust und Konzentrationsstörungen in emotional belastenden Situationen häufig vorkämen. Das ergab Sinn! Mir fiel ein Stein vom Herzen! Stress, so hieß es dort, kann vorübergehend zu Problemen mit dem Kurzzeitgedächtnis führen. Nach ungefähr einem halben Jahr wurde mein Gedächtnis allmählich wieder besser.

Wenn mir heute etwas zu kompliziert oder zu unwichtig erscheint, schaltet mein Gehirn auf Durchzug. Damit kann ich im Übrigen ganz gut leben.

Du bist jede einzelne Träne wert!

WEINEN –
VOLLWASCHGANG FÜR DIE SEELE

Als eine Freundin mir überglücklich berichtete, dass ihre Tochter Nachwuchs erwartete, habe ich mich riesig mit ihr gefreut. Doch als ich abends im Bett lag, flossen meine Tränen plötzlich unaufhörlich. Mir wurde bewusst, dass Stephan niemals seine Enkelkinder erleben wird. Das hat mich in diesem Moment völlig zerrissen.

Es kommen immer wieder ähnliche Situationen, in denen plötzlich »die Schleusen auf sind« und meine Tränen enorm viel Schmerz aus meiner Seele schwemmen. Natürlich weinen nicht alle Menschen gleich. Aber wenn Tränen kommen, wollen und sollten sie raus. Früher oder später. Das passt nicht immer. Was hilft? Sich Zeit zum Weinen nehmen. Geben Sie sich selbst die Erlaubnis, die Tränen zu weinen, die geweint werden wollen. Sie müssen nicht weggetröstet werden, denn Tränen, die unterdrückt werden, stellen sich sonst hinten wieder an.

Das Weinen hört von selbst auf, es überhaupt

zuzulassen, ist aber sehr wichtig. Weinen setzt schmerzlindernde Botenstoffe im Körper frei und wirkt allein deshalb schon heilsam. Es ist ein großes Hilfsmittel bei der Trauer. Tränen haben eine wichtige Funktion, denn das »Auswaschen« des ganzen Schmerzes tut körperlich gut.

Vielleicht erinnern Sie sich daran, dass Sie als Kind einmal einen richtigen Weinkrampf hatten. Dann wissen Sie bestimmt auch noch, wie erlöst Sie sich danach gefühlt haben, wenn einmal alles rausgeweint war.

Jede Träne ist wichtig und wertvoll, denn Trauern ist sehr kräftezehrend. Vor allem am Anfang. Es ist, als würde man Marathon laufen, und das jeden Tag.

Wer weint, surft eine Gefühlswelle. Diese kann klein sein, groß, wild, stürmisch oder seicht. Sie kann Sie sanft mitnehmen oder richtig durchschütteln. Weinen ist stark. Weinen ist eine Urgewalt. Und kein Grund für Scham! Es ist weder weiblich noch männlich, kein Zeichen von Schwäche noch in irgendeinem Moment des Lebens unangebracht. Es ist einfach menschlich und wichtig, ein Gefühl in seiner reinsten Form.

Viele Trauernde haben Angst, sie könnten ihre Trauer verdrängen, und befürchten, dass daraus Spätfolgen resultieren. Ja, ein Gefühl will gefühlt werden, aber ein kausaler Zusammenhang zwischen Verdrängen und einem emotionalen Bumerang ist wissenschaftlich nicht belegt. Im Gegenteil: Studien belegen, dass es auch Zeiten braucht, in denen der Verlust in den Hintergrund tritt, man ihn gleichsam aus den Augen verliert und verdrängt. Das sind Phasen der Erholung.

Alle Trauernden wissen, wie seelisch, geistig und körperlich anstrengend und fordernd Trauer ist. Kein Mensch hält einen permanenten Trauerschmerz aus. Vergessen Sie also alle Ideen von einem »richtigen Trauern«, denn das gibt es nicht. Genauso wenig, wie es ein »falsches Trauern« gibt. Vergessen Sie auch Spielfilme oder Bücher, in denen Todes-, Beerdigungs- und Trauerszenen vorkommen. Das hat wenig mit der Realität zu tun. Sie zeigen nur einen kurzen Ausschnitt aus dem fiktiven Leben eines Protagonisten und keine 24-Stunden-Realität.

Ein Modell, an dem man kaum vorbeikommt, ist das der Trauer, die in fünf Phasen verläuft. Die erste Phase, die dabei von jedem Trauernden durchlaufen werden soll, beinhaltet das Nichtwahrhabenwollen, das vom Zorn in Phase zwei abgelöst wird. Der folgt die Phase der Verhandlungen als Nummer drei, die wiederum von der Depression in Phase vier abgelöst wird, um den Prozess schließlich mit der Akzeptanz als fünfter und letzter Phase zu beenden. Wie bei einem Jump-and-run-Computerspiel, in dem man sich von Level zu Level kämpft, führen die fünf Phasen in diesem Modell den Weg durch die Trauer. Damit bekommt das Unvorstellbare einen Rahmen und eine Richtung: Alles wird wieder gut, wenn Phase fünf geschafft ist.

Aus eigener Erfahrung kann ich dazu nur sagen: Alles

Bullshit! Sorry für die klaren Worte! Die moderne Trauer-forschung konnte in umfassenden empirischen Studien keinerlei Belege für das Modell der Trauerphasen finden und zeigt vielmehr das Gegenteil: Trauer ist so individuell wie ein Fingerabdruck.

Diese sehr geläufige Vorstellung geht auf die Phasen-modelle von Elisabeth Kübler-Ross und Verena Kast zurück, die mittlerweile widerlegt wurden. Heute wird Trauer nicht mehr in aufeinanderfolgenden Phasen, sondern in Wellen-formen verstanden: Die schmerzvollen Gefühle kommen und gehen und wechseln sich dabei mit positiven Emotionen ab, die für die Trauerverarbeitung ebenso förderlich sind. Zu den möglichen Trauergefühlen gehört eine ganze Palette an Emo-tionen, deren Form, Dauer und Ablauf so individuell ausfallen, dass man nicht von fest definierten Phasen sprechen kann.

Trauer läuft nicht einfach linear ab. Sie ist eher ein ständiges Pendeln zwischen zwei Polen: dem Verlust und der Hoffnung, etwas wiederherstellen zu können. Der Ver-such, wieder in ein inneres Gleichgewicht zu kommen und Stabilität zu gewinnen. Die Trauer ist so individuell wie wir Menschen selbst.

Ermutigen Sie sich lieber, wie Kinder zu trauern, näm-lich »pfützenweise«. Sie springen in eine Pfütze rein, sind traurig, und im nächsten Moment springen sie wieder he-raus und wenden sich etwas anderem – dem Leben – zu. Und denken Sie daran: Wenn es keine richtige Art zu trau-ern gibt, dann gibt es auch keine falsche!

Meine Erfahrung ist, dass die Trauer nur eines will: zur Kenntnis genommen werden. Am verletzendsten ist es für Trauernde, wenn man so tut, als existiere sie nicht. Weisheiten und kluge Sprüche sind unangebracht, was hingegen hilft, ist, Betroffenen zu zeigen, dass man an sie denkt.

Und ja: Es wäre schön, eine Checkliste für die eigene Trauer zu haben, die man abhaken kann, bis sie erledigt ist. Aber so funktioniert das aus meiner Erfahrung nicht. Trauer ist ein chaotischer, ungeordneter Prozess, der nicht vorhersehbar ist und auch nicht irgendwann abgeschlossen sein wird. Wir sollten uns deshalb von der Vorstellung befreien, dass Trauer ein Problem ist, das wir lösen müssen.

Hilfreich finde ich den Gedanken, dass wir Verluste verkraften können. Vielleicht erscheint einem zunächst alles hoffnungslos. Aber wir Trauernden sind widerstandsfähig! Irgendwann finden wir einen Weg, unserem Leben wieder einen Sinn zu geben, und zwar auf unsere ganz eigene Weise.

Mein Lebensgefühl hat sich seit Stephans Tod verändert. Ich glaube, dass es nach dem Tod irgendwie weitergeht. Das kann ich mit Worten nicht gut beschreiben, weil es abstrus klingt. Ich glaube nicht an eine Wiedergeburt, aber inzwischen nehme ich mich, mein eigenes Scheitern und meine unerfüllten Wünsche nicht mehr so wichtig. Manches im Leben klappt, manches nicht. Und das ist in Ordnung so.

Man muss durch die Nacht wandern,
wenn man die Morgenröte sehen will.

Khalil Gibran

TRAUER IST STARK, ABER ICH BIN STÄRKER

Stephans Tod hatte ein Loch in mein Leben gerissen. Ich wusste nicht, wie ich das Loch wieder schließen könnte. Wollte ich es überhaupt schließen?

Mein Arzt erklärte mir, Trauern sei ein Marathon für die Seele. Ein Marathon, auf den man sich leider nicht vorbereiten kann, da es kein Training dafür gibt. Genauso habe ich es empfunden, weil ich ständig erschöpft war.

Ich fühlte mich als Spielball intensivster Gefühle. Ich war wütend, traurig, verzweifelt, ungläubig, schockiert. Das alles machte die Trauer mit mir. Und sie war bleischwer. Machte mich unglaublich müde. Ich kannte mich nicht wieder. Was war nur los mit mir? Manchmal glaubte ich, verrückt zu werden.

Es gab Momente, da ging es einigermaßen. Aber kurz darauf musste ich feststellen, dass ich die Waterproof

Mascara wieder einmal zu früh aufgetragen hatte. Übrigens: Auch nicht jede wasserfeste verdient ihren Namen.

Immer wenn ich meinte, es ginge ein wenig besser, ich hätte mich gefangen, wurde ich gnadenlos eines Besseren belehrt. Auf diese emotionale Achterbahnfahrt war ich überhaupt nicht vorbereitet. Daher beschloss ich, professionelle Hilfe anzunehmen, damit ich lernen konnte, mich selbst besser zu verstehen.

Das Schicksal war so ungerecht und ich haderte damit. Trotzdem war ich auch froh und dankbar, dass alles so schnell gegangen war. Dass Stephan vielleicht nicht einmal mehr realisiert hatte, was mit ihm passierte, und er nicht den Rest seines Lebens vor sich hinvegetieren musste. Gleichzeitig machte es mich traurig, so etwas überhaupt zu denken, und Schuldgefühle machten sich breit. Anfangs überlegte ich zudem, ob er wirklich schon bereit war zu gehen.

Ich war müde und erschöpft, trotzdem lag ich jede Nacht wach und wollte getröstet werden. Aber nur von Stephan. In jeder Hinsicht bekam ich meine Grenzen aufgezeigt. In meinem Kopf lief in Dauerschleife derselbe Film ab: Wir trinken gemütlich Kaffee, planen unsere Urlaubsreise. Stephan geht in Richtung Tür und der Tsunami reißt unsere Zukunft weg.

Nach dem Verlust meines Mannes war unsere einzigartige lange Beziehung abrupt vorbei. Unsere Scherze, gemeinsamen Gewohnheiten und all die kleinen

Anspielungen, die nur wir verstehen konnten, gab es mit einem Schlag nicht mehr. Noch persönlicher konnte es mich nicht treffen und zu allem Überfluss hatte die Gesellschaft einen neuen Namen für mich gefunden: Witwe.

Wenn wir einen geliebten Menschen verlieren, betrachten wir uns häufig als Opfer der Umstände. Doch wie sehr und wie lange wir unter den Gegebenheiten leiden und mit unserem Schicksal hadern, können wir auch selbst entscheiden. Indem Sie die Opferrolle annehmen, geben Sie anderen die Macht über sich und Ihr Leben. Wenn Sie Ihre Einflussmöglichkeiten nicht wahrnehmen und sich aus der Verantwortung für Ihre Lage zurückziehen, verstärken Sie nur Ihre Hilflosigkeit.

Auch resiliente Menschen geraten durch belastende Ereignisse, die sie nicht kontrollieren können, manchmal in die Opferrolle. Doch sie bleiben nicht auf Dauer darin stecken. Nach einiger Zeit sammeln sie ihre Kräfte, um Schritt für Schritt die Dinge zu verändern, die ihrem Einfluss unterliegen. Dazu gehört es auch, Hilfe anzunehmen.

Gib mir nicht, was ich mir wünsche,

sondern was ich brauche.

Antoine de Saint-Exupéry

SCHWEIGEN IST SILBER, REDEN IST GOLD – HILFE ANNEHMEN

Was die meisten Menschen vermutlich denken, die mich nicht kennen: Oje, eine Frau, die ihren Mann verloren hat! Die muss ja unglaublich allein sein! Sitzt die nicht ständig heulend zu Hause? Die Wahrheit ist: Die Momente, in denen ich allein bin, gehören für mich zu den besten. Wenn die Kinder unterwegs sind oder schlafen und es ruhig wird im Haus, dann setze ich mich aufs Sofa und genieße es, den Tag geschafft zu haben. Ich weine nicht. Ich lenke mich ab. Lehne mich zurück, Handy in der Hand, überall mal scrollen, im Hintergrund läuft der Fernseher. Meistens schlafe ich dabei ein.

Einsam fühle ich mich nicht allein zu Hause, sondern wenn ich unter Leuten bin. Unter Freundinnen, die Kinder haben, deren Väter noch leben. Wenn ich mich mit ihnen treffe und ihr Familienleben betrachte, in dem es helfende und liebende Männer gibt, dann fehlt mir meiner besonders.

Für mich hatte ein neues Leben angefangen, das ich nie wollte. Ich brauchte Hilfe, ja, bei allem, aber ich hatte keine Kraft, mich zu melden, um darum zu bitten. Einmal rief ich bei einer Freundin an und fragte, ob sie vorbeikommen könne, was sie so kurzfristig nicht schaffte. Das kann passieren, aber für mich war in diesem Moment klar: Ein zweites Mal versuche ich es nicht.

In unserer Kultur steht unsere Eigenständigkeit, dass wir gut funktionieren und am Leben teilhaben, an ziemlich hoher Stelle. Zumindest war es für mich immer wichtig, grundsätzlich allein klarzukommen, mein eigenes Geld zu verdienen und mein Leben selbst im Griff zu haben.

Als Stephan so plötzlich starb, habe ich eine Weile versucht, allein mit meiner Trauer fertigzuwerden. »Muss doch zu schaffen sein«, dachte ich mir. »Stell dich nicht so an, andere haben das schließlich auch hinbekommen.« Mantraartig betete ich mir vor: »Ich schaue immer nur in eine Richtung: nach vorn.« In der ohnehin schon schwierigen Situation habe ich so meine allerletzten Kraftreserven erschöpft, um meinen neuen Alltag halbwegs in den Griff zu bekommen.

Ich hatte keine Erfahrung mit Trauer. Dabei wollte ich nichts lieber, als zu verstehen, warum ich mich so fühlte, wie ich mich fühlte. Alles war besser, als der Spielball von

Kräften zu sein, die ich nicht verstand. Meine Trauer war ein komplexes und widersprüchliches Knäuel aus Gefühlen, in dem alles in Frage gestellt wurde: Wenn der, den ich so geliebt habe, einfach so stirbt, kann ich mich auf alles andere auch nicht mehr verlassen? Was ist dann überhaupt noch sicher in meinem Leben?

Glücklicherweise habe ich unglaubliches Mitgefühl von meinem Arbeitgeber erfahren. Dafür war und bin ich enorm dankbar. Ich brauchte ein halbes Jahr, um überhaupt wieder an die Arbeit denken zu können. Dann war es für mich Zeit, wieder an meinen Arbeitsplatz zurückzukehren. Auf meinen ersten Arbeitstag freute ich mich sogar ein bisschen. Die vergangenen sechs Monate hatte ich in einem sonderbaren Schwebezustand verbracht: War uns das alles wirklich passiert? Rückblickend hatten wir zu diesem Zeitpunkt noch nichts verarbeitet, sondern uns stattdessen viel abgelenkt. Und trotzdem hatte ich das Gefühl, wieder loszuwollen. Ich wollte meinen Alltag endlich zurück, ein Stück Normalität im Chaos.

Doch auf Tag eins folgten Tag zwei und drei, es folgten Wochen und Monate. Während meine Trauer und der Schock gleich blieben, ging der Alltag für meine Kollegen weiter. Sie gingen ihrem Job nach und mittendrin saß ich, eine Frau, die vor Kurzem ihren Mann hatte einäschern lassen. Das Problem ist: Trauernde Menschen sehen meist aus wie immer. Sie schminken sich, tragen frisch gewaschene Kleidung, lachen auch mal über einen Witz, machen schöne Dinge. Was wirklich in ihnen los ist, erfährt nur, wer danach fragt.

Ich hatte das Glück, dass mein Arbeitgeber eine Psychologin beschäftigt, an die man sich bei beruflichen oder privaten Belastungen und in Krisen wenden kann. Zu ihr bin ich über Monate regelmäßig gegangen. Letztlich wurde diese Unterstützung der Wendepunkt in meiner Trauer. Ich fühlte mich mit meinen Gefühlen verstanden. Es tat gut, sich von ihr erklären zu lassen, warum ich mich so fühlte, wie ich mich fühlte. Warum meine Trauer sich manchmal als Wut, manchmal auch als Schuld oder als Scham verkleidete. Warum ich oft so unendlich müde und energielos war, schon beim Aufstehen. Ich lernte, meine Trauer anzunehmen und kooperierte mit ihr.

Heute frage ich mich, woher es eigentlich kommt, dass viele es als Zeichen von Schwäche ansehen, Hilfe anzunehmen. Ich halte es mittlerweile für stark, zu erkennen und sich selbst einzugestehen, dass man allein nicht mehr weiterkommt.

Der Tod des Partners wirft uns völlig aus der Bahn und zieht uns den Boden unter den Füßen weg. Nichts ist mehr, wie es war. Die Seele muss da erst einmal hinterherkommen. Zum Glück gibt es viele Profis, die helfen, schier Unfassbares zu begreifen und anzunehmen. Das macht den Weg für viele vielleicht ein wenig gangbarer.

Trauer ist nicht einfach. Es tut gut, sich dabei Hilfe zu holen. Egal, ob sofort, nach Monaten oder erst Jahre später. Es tut gut, das Schwere loszulassen, um auf neue Ideen zu kommen. Es tut gut, verstanden zu werden. Es tut gut, nicht allein zu sein. Gleichzeitig kostet es Mut, um Hilfe zu bitten. Ich möchte Sie deshalb ermutigen: Suchen Sie sich Hilfe! Hilfe anzunehmen, ist kein Zeichen von Schwäche. Nur gemeinsam sind wir stark!

Freundschaften haben mir immer viel bedeutet. Wirkliche Freunde haben wir meist nur ganz wenige, der Rest sind Bekanntschaften. Diese echten Freunde haben mir auf meiner ungeplanten Reise geholfen und tun es noch. Für mich werden sie immer wichtiger, je älter ich werde. Ich vertraue meinen Freunden, bin gerne mit ihnen zusammen. Da gibt es ein über die Jahre gewachsenes Vertrauen.

Manche Freunde aus meinem früheren Leben habe ich auf meinem neuen Weg verloren. Das tut weh, ist aber manchmal nicht zu vermeiden und sogar notwendig. Dafür sind neue Freunde hinzugekommen und die sehe ich als besonderes Geschenk an.

Ja, es ist ein Geschenk, in Freundschaft mit einem Menschen verbunden zu sein. Und es tut wahnsinnig weh, wenn uns dieses Geschenk genau dann genommen wird, wenn wir es am meisten brauchen. Das lässt sich nicht schönreden. Und doch kann es gelingen, dieses Geschenk auf andere Art zu bewahren und sich neue Menschen auf dem

Weg schenken zu lassen. Nichts davon ist jemals selbstverständlich, weil alles immer im Wandel bleibt.

Wenn Freundschaften Geschenke sind, die bleiben, heißt das für mich nicht, dass sie immer gleich bleiben. Das gibt das Leben nicht her, denn alles ist in Bewegung und unterliegt Veränderungen. Freundschaften bleiben aus meiner Sicht auf eine Weise, in der auch Erinnerungen bleiben. Manche von ihnen liegen in der Vergangenheit und doch trage ich sie in mir durch die Gegenwart.

Meine engsten Freunde haben mich durch mein neues Leben getragen. In den schwersten Zeiten standen sie an meiner Seite wie Felsen in der Brandung. Und ich habe erlebt, wie ich selbst für sie in schwierigen Lagen ein solcher Fels sein konnte. Echte Freundschaft ist wie eine Waage, sie gleicht sich aus im Geben und Nehmen.

An Stephans vorletztem Tag, vor dem Eintreffen unseres Tsunamis, waren wir in vertrauter Runde bei unserem französischen Freund Philippe, der ein kleines Wein- und Käsegeschäft betreibt. Wir hatten unbeschwert in seinem Laden gesessen, uns bei gutem Wein und Raclette prächtig amüsiert. Dabei fiel unser Blick auch auf die Fotos von verstorbenen Kunden, die im Laden an der Wand hingen. Philippe war es wichtig, diese Bilder seiner toten Lieblingskunden immer sichtbar im Laden zu haben. Auch ein solch unausgesprochenes, aber wertschätzendes Signal, nicht vergessen zu sein, ist hilfreich bei einem offenen Umgang mit der Trauer.

An diesem Abend hatten wir einen Toast ausgesprochen, dass es noch lange dauern solle, bis wir an dieser Wand hängen würden. Keiner von uns hätte dabei gedacht, dass das Schicksal es so schnell anders gewollt hat.

Besondere Anteilnahme habe ich durch meine Nachbarn Annett und Jürgen erfahren. Wir wohnen in einer kleinen Reihenhausanlage. Wenn es mir richtig dreckig ging, standen sie oft wie aus heiterem Himmel vor der Tür. Es schien eine Art innerer Verbindung unter uns zu geben. Auch heute noch, wenn ich Hilfe – bei was auch immer – benötige, sind sie für mich und die Jungs da. Ich las in einer Zeitschrift über eine Studie an Verwitweten, bei der festgestellt wurde, dass solche mit starker sozialer Unterstützung ihre neue Rolle als Single besser annehmen können. Sie erklärten, weniger lange unter intensiver Trauer zu leiden. Das Ausmaß an sozialer Unterstützung scheint also den Trauerverlauf positiv zu beeinflussen.

Heute habe ich meine Balance wiedergefunden. Es hat ein paar Jahre gedauert, aber ich kann nun wieder von mir sagen, dass ich glücklich bin. Ich bin durch tiefe Täler gegangen, aber nicht unten im Tal geblieben. Und ich habe wieder einen Hügel gefunden, von dem aus der freie Blick über das Land, in die Zukunft, möglich ist. Eine wertvolle und stärkende Erfahrung für mich.

Jeder Tag ist ein neuer Anfang.

George Eliot

ALLTAGSWAHNSINN HOCH DREI – ZURÜCK ZUR NEUEN NORMALITÄT

Der Bofrost-Mann klingelte an einem frühen Samstagmorgen ununterbrochen. Verschlafen ging ich an die Tür: »Alles wie immer, Frau Pöhls?« – »Was meinen Sie mit ›Alles wie immer‹?« – »Ja, die Sachen, die Ihr Mann immer ordert. Ist er nicht da?« – »Nein, er ist vor drei Wochen gestorben.«

Einkaufen, den Gastank ablesen, verstopfte Rohre reinigen, Mülltonnen rausstellen – für alles hatte ich plötzlich allein die Verantwortung. Das war die neue Wirklichkeit. Ich musste jetzt alles selbst im Auge behalten und mich darum kümmern. Natürlich halfen mir die Jungs, aber eben nicht von allein.

»Den eignen Tod, den stirbt man nur, doch mit dem Tod der anderen muss man leben.« Dieser schlichte Satz der Dichterin Mascha Kaléko drückt eine enorm schmerzhafte

68

Erfahrung aus. Wenn der Mensch, den wir lieben, gestorben ist, dann hat er zumindest keine Probleme mehr. Wir aber müssen aushalten, dass wir ihn nie mehr in die Arme schließen werden, nie mehr mit ihm sprechen können.

Ich habe meinen Mann nicht nur in seiner physischen Präsenz verloren. Ich vermisse auch seine Ratschläge und seine Unterstützung. Im Hier und Jetzt bin ich allein, aber obendrein auch in der Vergangenheit, denn unsere Erinnerungen kann ich nicht mehr mit ihm teilen. Ein gemeinsames Leben hat viele Facetten. Wie viele Facetten es tatsächlich waren, wurde mir erst bewusst, als unser Zusammenleben so abrupt endete. Mit der Zeit begriff ich immer besser, was ich wirklich alles verloren hatte. Es ist schlimm genug, einen Menschen zu vermissen. Ich vermisste aber auch das, was wir gemeinsam gewesen waren. Ich war nicht mehr die Hälfte eines Paares, es gab kein »Wir« mehr. *Wir* besuchen ein Konzert. *Wir* gehen zu einer Geburtstagsfeier. Unser gemeinsames Auftreten fehlte mir.

Ich bin allein zu Freunden gegangen, meistens zu Paaren, und es fühlte sich fremd an, nicht mehr so, als seien wir noch vollzählig. Nie würde ich dorthin zurückkehren können, wie es einmal war. Wie *ich* einmal war, zusammen mit meinem Mann. Mein Verlust veränderte alles, auch mich. Ein wichtiger Teil meiner Person war verloren gegangen. Diesen Teil würde ich nie wiederbekommen. Ich musste mich also auch selbst neu finden.

Es gibt immer eine Chance für Aufbrüche. Dabei geht es darum, zuzulassen, dass sich Neues ereignet und ereignen darf. Es gilt, sich wieder Neugier auf das Leben zurückzuholen. Mir tat es gut, mich neuen Dingen zuzuwenden, die nicht im Zusammenhang mit meinem alten Leben standen. Die ich vorher nicht oder nicht so intensiv mit Stephan unternommen hatte.

Da ich abends nun oftmals allein zu Hause war, hatte ich mich bei einem Fitnesscenter angemeldet. Es ist mehr ein Wellnesscenter als die klassische Muckibude und bis spät abends geöffnet. Da ich leidenschaftlich gern schwimme, war es ein doppelter Gewinn, weil es ein wunderschönes kleines Schwimmbad hat. Heute macht mich Bewegung glücklich, sie entspannt mich. Egal ob Yoga, Pilates, Joggen oder Spazierengehen – ich entwickelte mich zu einer richtigen Sportskanone. Früher hatten mich ein toller Film und ein gutes Glas Wein mit Stephan auf der Couch entspannt.

Tatsächlich kann man auch Spaß an Sachen haben, die man nicht perfekt beherrscht. Ich hatte nie den Hang zum Leistungssport, sondern war immer eher die Letzte gewesen, die man in der Schule beim Völkerball oder bei anderen Ballspielen in die Mannschaft gewählt hat.

Neulich hörte ich bei einer Yogaübung meine Knochen knacken, insbesondere meine Schultern machten enormen Krach. Meine Lehrerin gab den trockenen Kommentar: »Da lastet halt viel Gewicht drauf.«

Eine Spitzensportlerin wird aus mir sicher nicht mehr

werden. Wer die fünfzig überschreitet, wird damit konfrontiert, an Grenzen zu stoßen, und bekommt unweigerlich ein Bewusstsein dafür. Trotzdem ist da nicht nur ein »Das geht nicht mehr«, sondern es bieten sich auch viele Chancen zu neuen Aufbrüchen. Es geht darum, zuzulassen, dass sich Neues ereignet und sich überraschende Abzweigungen im Leben öffnen.

Heute bin ich viel konsequenter darin, Wichtiges von Unwichtigem zu unterscheiden. Unterscheiden, auswählen heißt auf Griechisch *krinein*. Das meint also: kritisch sein, sorgfältig prüfen und Kriterien finden für den eigenen Weg.

Nie mehr werden wir gemeinsam ...

ALLE JAHRE WIEDER - FEIER- UND JAHRESTAGE MEISTERN

Schnurgerade führt der Weg vor mir auf den Deich zu. Links und rechts erstrecken sich marschgrüne Felder, die Wolken hängen tief und doch blitzen darunter ein paar Sonnenstrahlen heraus. Ich habe meine Kapuze tief über den Kopf gezogen, nicht nur weil es kalt ist – ich bin so auch mehr bei mir. Ich liebe diese ausgedehnten Spaziergänge in meiner norddeutschen Heimat – bei jedem Wetter.

Nur in diesem Jahr ist alles anders, seit gerade erst sieben Wochen bin ich Witwe. Das erste Weihnachten ohne Stephan steht bevor. Ich lasse mir den eiskalten Wind ins Gesicht wehen, er tut gut. So spüre ich meine Tränen nicht. In Gedanken lasse ich die letzten Wochen Revue passieren. Ich bin dankbar, dass ich dieses Weihnachtsfest bei meiner Familie in meinem Elternhaus in der Nähe von Cuxhaven verbringen kann.

Es ist alles wunderschön dekoriert, das Essen duftet köstlich, als ich von meinem Spaziergang zurückkomme.

Die Jungs haben mit Lisa, meiner Mutter und meiner Schwägerin bereits eine Flasche Sekt geköpft und es läuft tatsächlich Schlagermusik. Ich hatte solche Angst vor diesem ersten Heiligabend. Befürchtete, dass es mich zerreißen würde. Aber dann kam alles ganz anders: Ich glaube, jeder wollte uns diesen Tag so angenehm wie möglich machen. Am Ende haben wir alle zusammen unterm Weihnachtsbaum getanzt und gelacht, was ich nie erwartet hätte.

Mein Fazit: Die Angst vor diesem Tag war viel schlimmer als der Tag selbst. Wieder eine neue und wichtige Erkenntnis.

Danach befand ich mich im Landeanflug auf das neue Jahr. Ich brachte mich in eine aufrechte Position, legte den emotionalen Sicherheitsgurt an, klappte meinen Kalender auf und überlegte, wo ich das erste Silvester verbringen wollte. Angebote gab es ausreichend. Da ich bereits im Norden war und Zeit mit meinem Cousin Lars und seiner Familie in Hamburg schon immer unkomplizierte, unbeschwerte Momente bedeutet hatte, nahm ich seine Einladung an. Wir schmiedeten Pläne für unseren ohnchin gemeinsam geplanten Sommerurlaub in Frankreich.

Die Jungs jagten den ganzen Abend Raketen und Böller in die Luft, Stephan hätte seine helle Freude daran gehabt und wäre mittendrin gewesen. In dieser Hamburger Reihenhaussiedlung war es Silvester Tradition, dass alle Häuser offen standen und man von Haus zu Haus flanierte.

Überall gab es leckere Kleinigkeiten. Ob die Nachbarn von meinem Schicksal wussten? Keine Ahnung! Egal, vor mir lag ein neues Jahr und ich spürte plötzlich wieder ein wenig Leichtigkeit in meinem Leben. Wir spielten noch bis tief in die Nacht mit vielen Leuten »Mäxchen«.

Irgendwann war wieder so ein besonderer Tag vorbei, vor dem mir zuvor gegraut hatte, der jedoch anders kam, als gedacht und befürchtet. Mir wurde in diesen Tagen bewusst, wie kostbar Zeit ist. Wir sollten unsere Zeit dem widmen, was für uns von zentraler Bedeutung ist: einfache, alltägliche Dinge. Das Zusammensein mit der Familie und Freunden. Tanzen unterm Weihnachtsbaum, Mäxchen spielen.

Wenn ich heute zurückblicke, war ich vor Stephans Tod rastlos von Meeting zu Meeting gehetzt. Ich hatte oftmals so sehr unter Stress gestanden, weil ich etwas erreichen wollte, dass ich mich unmerklich von den Menschen entfernt hatte, die ich liebte. Permanent dachte ich, unbedingt mein Bestes geben und produktiv sein zu müssen. Als Mutter, Ehefrau, Freundin und im Beruf.

»Können wir uns noch einmal vertagen?« Das war meine Standardfrage an Freundinnen, meine Familie oder Kollegen gewesen. Ich plante und plante, dann wurde die Zeit knapp und ich musste etwas aufschieben.

Oft waren das Dinge, die nicht unbedingt nötig erschienen: Der Kinoabend mit einer Freundin musste für die Steuererklärung warten, der Waldspaziergang mit Hendrik wurde fürs Kelleraufräumen geopfert und die Fahrt zu meiner Mutter wegen der Vorbereitung einer Präsentation verschoben, die ich unter der Woche nicht geschafft hatte.

Es war eine Mischung aus Pflichtgefühl und unendlichen To-do-Listen, die mir immer wieder dazwischenkamen. Manchmal war ich auch einfach zu erschöpft von all den Aufgaben, konnte mich nicht mehr vom Sofa aufraffen. Aber wofür eigentlich und welchen Preis hatte das? Diese Fragen hatte ich mir nie gestellt.

Heute höre ich viel mehr auf mein Bauchgefühl und schaue in mich hinein, schenke meine Energie nicht nur an besonderen Tagen den Menschen, die mir am wichtigsten sind. Sich umeinander zu kümmern, erzeugt ein besseres Glücksgefühl als beispielsweise Komplimente für neue Klamotten. Weniger Ego – mehr Herz.

Es ist eine Frage der Prioritäten. Ich nehme mir vor, das fortan beizubehalten. Nein, das ist kein Vorsatz, das ist eine Entscheidung. Die Steuer, der Keller und die Präsentation? Die schiebe ich nun auf, die können warten.

Dennoch bleiben Feiertage für Trauernde ein gefährliches Minenfeld, denn sie sind voller Reize, die den Kummer und den Schmerz gnadenlos intensivieren. Es reicht ein bestimmtes Weihnachtslied, das gerade im Radio läuft, und schon gehen die Schleusen auf. Mit Feiertagen meine ich sowohl die allgemeinen Feiertage wie Ostern,

Weihnachten, Silvester, Vater- oder Muttertag als auch die persönlichen Feiertage wie Geburtstage, Hochzeitstag und Todestag. All diese Tage sind mit der Erinnerung an »letzte Male« verbunden. Dann tut es besonders weh, dass ein Teil der Familie fehlt. Egal, wie viele Jahre seither vergangen sind. Der Gedanke, zum ersten Mal oder schon wieder diesen besonderen Tag ohne den geliebten Menschen verbringen zu müssen, legt sich wie Blei auf unsere Brust. Am liebsten würden wir ihn einfach verschlafen – bis der ganze Trubel vorbei ist.

Hier sind meine wichtigsten Ratschläge, wenn es um entspannte und möglichst angenehme Feiertage geht:

~ Überlegen Sie sich vorher genau, wie und mit wem Sie diese Tage verbringen wollen und was Ihnen guttut. Wie wollen Sie mit Traditionen umgehen? Wenn Sie Kinder haben, sollten diese in die Planung einbezogen werden.

~ Lassen Sie Ihren verstorbenen Partner teilhaben. Schaffen Sie Raum für Erinnerungen. Sprechen Sie zum Beispiel einen Toast aus, kochen Sie sein/ihr Lieblingsessen.

~ Wenn Sie irgendwo eingeladen sind, sagen Sie den Gastgebern, wie Sie sich diesen Feiertag vorstellen. Mit den allerbesten Absichten tun diese sonst vielleicht Dinge, die für Sie zu schmerzhaft sind.

~ Machen Sie es so, wie es sich für Sie gut anfühlt. Wenn Sie in diesem Jahr keinen Weihnachtsbaum haben möchten, lassen Sie ihn weg. Hören Sie auf sich selbst und nicht auf die Meinung anderer.

~ Sorgen Sie für einen Plan B: Wenn Sie eingeladen sind, sagen Sie im Vorfeld, dass es sein kann, dass Sie sich früher verabschieden.

~ Bitten Sie um Hilfe. Wenn Sie Gäste einladen, fragen Sie diese, ob Sie beim Kochen helfen oder etwas mitbringen können.

~ Verplanen Sie diesen Tag nicht vollständig. Schaffen Sie sich zeitliche Freiräume für sich selbst, damit Sie sich erholen können. Überlegen Sie am besten vorher, wie Sie sich entspannen wollen, und planen Sie dies mit ein.

~ Schaffen Sie neue, ganz persönliche Rituale.

Entscheidend ist es, sich Zeit zu geben, mit dem einschneidenden Ereignis fertigzuwerden. Besonders das erste Jahr nach dem Tod ist für viele Trauernde schwer, denn alles findet zum ersten Mal ohne den Partner statt.

Sich mit Freunden und der Familie zu verabreden, gemeinsam an den Verstorbenen zu denken, zu reden, zu lachen und zu feiern, kann helfen, neue Rituale für sich zu entwickeln. Mit einem unterstützenden sozialen Umfeld gelingt es leichter, zurück ins Leben zu finden. Man erkennt: Das halte ich aus!

Mir gab es Trost, Rituale von früher aufleben zu lassen. Es gibt wieder den Wildbraten an Heiligabend, die Gans an

Weihnachten, genauso wie Stephan es liebte. Es schmeckt uns herrlich! All das ist ein Signal an das Gehirn, dass das Chaos vorüber und die Sicherheit wiederhergestellt ist. Frühstücken mit den Kindern, Spaziergänge zu dritt, Sport, zur Arbeit gehen.

Ich bin der festen Überzeugung, dass Trauer die unvermeidliche Kehrseite eines Lebens voller Liebe ist. Gerade die Tage im Jahreskreis, die mit hohen emotionalen Erwartungen verknüpft sind, können uns den Rahmen geben, das sowohl allein als auch im Kreis unserer Lieben zu zelebrieren.

WER TRAUERT, DARF AUCH LACHEN – ODER: DIE LUSTIGE WITWE!

Lachen ist die beste Medizin. Aber gilt das auch für Trauernde? Darf ich lachen, mich freuen, heiter sein, wenn ein geliebter Mensch gestorben ist? Oder ist das einfach nur respektlos?

Wir alle kennen die gesellschaftlichen Konventionen, die besagen, dass es pietätlos ist, wenn Trauernde lachen. Wer es dennoch tut, irritiert, macht aber erstaunliche Erfahrungen. Ich habe erlebt, dass Lachen und Weinen einfach zusammengehören. Es gibt Energie! Lachen ist wie eine Pause, eine Erholung vom Traurigsein. Und es ist wie ein Lichtblick in einer schwierigen Phase des Lebens. Wenn wir als Trauernde ein paar Augenblicke so etwas wie Leichtigkeit empfinden, dann ist das wie eine Tür, die sich öffnet, um für einen Moment das Gefühl des Gelähmtseins, diese Starre, hinter uns zu lassen. Lachen löst die Anspannung und hilft uns, psychisch wieder stabiler zu werden. Trauerforscher sagen, um seelisch wieder stabil zu werden, sind Lachen und Heiterkeit wichtige Mechanismen. Niemand kann 24 Stunden am Tag nur weinen.

Es dauerte nicht lange, bis ich nach dem Tod von Stephan das erste Mal wieder lachte. Lachen hat mir eine Pause von der Trauer gewährt. Zuerst erschien mir die Fröhlichkeit unangebracht und Glück sogar ganz undenkbar. Doch jeder wird sich, wie ich, der Frage stellen müssen, wie er weiterleben will. Ich habe für mich entschieden, mich nicht mit einem harten schwarzen Panzer gegen den Schmerz zu wappnen, sondern weich und offenzubleiben. So wie es in Ordnung ist, Schmerz und Tränen zu zeigen, so ist es auch in Ordnung, in der schmerzvollen Zeit zu Lachen. Lachen und Weinen gehören zusammen. Sie sind eine sehr heilsame Kombination.

Ich wünsche mir auch mehr Lachen und Freude auf unseren Friedhöfen, so wie es in vielen anderen Kulturen der Welt eine lange Tradition hat. Wir Deutsche gelten als humorloses Volk, insofern erstaunt unser Umgang mit dem Lachen angesichts von Sterben und Tod wenig. Es gibt Friedhofsordnungen, die besagen, nicht zu lärmen. In anderen Ländern sieht das ganz anders aus. So wird bei Beerdigungen in Thailand, Ghana oder Madagaskar auch die Freude in der Trauer berücksichtigt. Dort tragen die Menschen weiße Kleider, singen freudvolle Lieder, erzählen Geschichten und lachen. Sie sind überzeugt, dass es dem Menschen, der gestorben ist, nun besser geht. Mir wurde eine Geschichte von einem deutschen Friedhof berichtet: Als dort eine Frau aus Ghana beerdigt wurde, haben ihre Angehörigen getanzt, gelacht und getrommelt. Dafür gab es prompt einen Strafzettel des Ordnungsamtes!

Das soll kein Plädoyer dafür sein, bei der nächsten Beisetzung lauthals loszuprusten. Es ist vielmehr ein Plädoyer dafür, auch dort beide Gefühle zuzulassen. Weinen und lachen sind zwei Seiten einer Medaille: der Trauer. In einer Trauerphase erlebt man solche Wechselbäder der Gefühle.

Wenn jemand versucht, das Weinen zu unterdrücken, um stark sein zu wollen oder zu müssen, dann versiegt auch das Lachen. Lachen und Humor sind für mich Werkzeuge, um an die Freude heranzukommen. Die Freude gibt uns neue Kraft, kann uns für kurze oder auch längere Momente eine Erholungszeit in der Trauer verschaffen. Das heißt nicht, sich im Fernsehen eine Comedy-Show nach der anderen anzusehen. Es geht eher um einen Ausgleich zwischen den Gefühlen der Trauer und den positiven Emotionen. Nach Krisen wissen viele Menschen das Leben oft deutlich mehr zu schätzen.

Jeder von uns hat Eigenarten, die ihn auszeichnen und einzigartig machen. Diese Eigenarten sind für andere oftmals ein Grund für liebevollen Spott, was natürlich niemals boshaft gemeint ist. So hatte Stephan eine besondere Verbindung zu unserem Staubsauger. Er konnte es überhaupt nicht ausstehen, wenn Haus oder Auto unaufgeräumt waren. Ist zum Beispiel das Auto mal wieder rumpelig und voller Krümel, stellen wir uns vor, wie Stephan energisch mit dem Staubsauger anrücken würde, schauen uns an und lachen herzhaft.

Einer der wichtigsten Effekte von Humor ist es, neue Lebensfreude zu schenken. Es tut einfach gut, sich über etwas Komisches zu amüsieren oder befreit zu lachen, am besten in guter Gesellschaft, denn Lachen steckt bekanntlich an. Humor vermag neuen Lebenswillen zu mobilisieren und lässt uns wieder Hoffnung schöpfen. Das Wort Humor stammt übrigens von dem lateinischen Begriff *humor*, der Feuchtigkeit oder Saft bedeutet. Mit *humores* waren in der Antike die Körperbestandteile gemeint, die im Menschen fließen: Galle, Schleim, Blut. Wenn diese Flüssigkeiten ungestört fließen konnten und sich in Harmonie befanden, so verfügte der Mensch über Humor. Humor ist also ein Zeichen von Gelöstheit. Diese Gelöstheit kann dadurch zustande kommen, dass wir uns für einen Moment von einem leidvollen Ereignis lösen, eine Distanz dazu einnehmen, uns dadurch entlasten und neue Energie schöpfen.

Schicksal ist, was das Leben dir gibt.
Bestimmung ist, was du daraus machst.

Unbekannt

ES IST OKAY, WENN DU FÄLLST - NUR BLEIB NICHT LIEGEN

Eine Freundin schenkte mir zum Geburtstag ein Stehaufmännchen, weil sie es für meinen Umgang mit dem großen
Verlust passend fand.

Laut Wikipedia ist ein *Stehaufmännchen* »ein Gegenstand, meist in Gestalt einer menschlichen Figur, der sich
von selbst immer in aufrechte Lage bringt«. Und: »Um-
gangssprachlich wird der Begriff *Stehaufmännchen* für solche Personen verwendet, die sich nicht durch Niederlagen
oder Misserfolge entmutigen lassen, diese überwinden und
sich immer wieder neu ›auf das Leben einlassen‹ und versuchen, es selbst zu meistern. In der Psychologie wird diese
Fähigkeit als ›Resilienz‹ bezeichnet.«

Oft wurde mir gesagt, ich sei eine starke Frau. Ob das
stimmt, weiß ich nicht. Ich muss nicht unbedingt stark

sein, das ist mir überhaupt nicht wichtig. Resilienz heißt, nicht immer stark sein zu müssen. Mich mit meinen Stärken und Schwächen zu erleben und authentisch zu zeigen, das finde ich viel interessanter. Das macht einen Menschen aus. Ich glaube, dass ich eine widerstandsfähige Frau bin. Tiefe Täler kenne ich, Verluste kann ich nicht verhindern. Mir geht es darum, wie ich am Ende daraus hervorgehe. Für mich bedeutet Resilienz, nach Turbulenzen das Steuer wieder in die Hand zu bekommen. »Mitten im Winter habe ich erfahren, dass es in mir einen unbesiegbaren Sommer gibt.« Albert Camus drückte poetisch aus, was in der Psychologie den Namen Resilienz bekommen hat.

Resiliente Menschen besitzen die Fähigkeit, sich von Schicksalsschlägen nicht völlig aus der Lebensbahn werfen zu lassen. Gerade in schweren Turbulenzen sind Zusammenbruch, Verzweiflung und Desorientierung zeitweilig angemessen, sogar heilsam. Sie sind eine Voraussetzung, um Wiederherstellung und Erneuerung in ihrer ganzen Tiefe und Tragweite zu erleben. Erst dadurch wird die Trauer wirklich verarbeitet. Resiliente erleben meiner Meinung nach nicht weniger Ängste und Unsicherheiten als andere, wenn sie mit einschneidenden Ereignissen konfrontiert werden. Sie lassen sich nur nicht davon überwältigen. Nicht-resiliente Menschen zerbrechen an ihrer Trauer, sie fühlen sich allein. Sie denken oft: »Das muss ich doch allein bewältigen können.«

Mit der Art, wie Sie Ihre Trauer verarbeiten, entscheiden Sie auch selbst darüber, ob Sie eine Erschütterung übergehen, sie lediglich durchstehen oder gestärkt daraus hervorgehen. Das Gegenteil von Resilienz ist Vulnerabilität, also Verwundbarkeit, und bedeutet nichts anderes, als den Stressauslösern im Leben hilflos ausgeliefert zu sein. Möchten Sie das als Alternative? Es macht eigentlich mehr Sinn, das Leben jetzt bei den Hörnern zu packen! Es gibt Schicksalsschläge, die nicht von jetzt auf gleich verarbeitet werden können, denn mit dem Schlag geht tiefe Verzweiflung einher.

An einem gewissen Punkt kann man sich selbst entscheiden: leben oder sich vom Schicksal erschlagen lassen. Der Drang, wieder zu leben, war bei mir deutlich stärker, als der nicht zu leben und in Trauer zu verharren.

Verspüren Sie nach einem Verlust auch diesen Drang? Dann ist erst einmal Selbstfürsorge ungeheuer wichtig. Sorgen Sie gut für sich selbst! Das Paradoxe an der Sache ist, dass das so ziemlich das Letzte ist, woran man in dieser Situation denkt. Nicht nur unsere Emotionen sind von der Trauer betroffen, auch der Körper wird in Mitleidenschaft gezogen. Das Immunsystem wird angegriffen. Erschöpfungszustände, Muskelverspannungen, Schlaflosigkeit sind die Folge, um nur einige aufzuzählen.

Es gilt gegenzusteuern. Die geeigneten Maßnahmen haben leider nichts mit Couch, Schokolade und Rotwein zu tun. Meine erprobten Maßnahmen sind Spaziergänge in der Natur. Die frische Luft, die Sonne haben mir immer richtig gutgetan.

Natürlich haben Sie in der Trauer weder Lust noch Energie, vom Sofa aufzustehen. Trotzdem ist es wirklich das Beste, was Sie für sich tun können. Ich verspreche Ihnen, dass Sie sich hinterher viel besser fühlen als vorher. Probieren Sie es aus! Was mir auch geholfen hat, ist Yoga. Ich kann zwar immer noch nicht meine Beine in den Nacken legen, aber ich lockere regelmäßig meinen Körper und nehme ihn bewusster wahr.

Gesunde Ernährung ist wesentlich. Wenn Sie allein wohnen, laden Sie Freunde zum Essen ein oder kochen Sie gemeinsam. Wenn Sie sich dazu nicht aufraffen können, holen Sie sich wenigstens gute Mittel zur Nahrungsergänzung. (Fragen Sie Ihren Arzt oder Apotheker.) Stellen Sie sich eine schöne Schale mit frischem Obst direkt vor die Nase: »An apple a day keeps the doctor away.«

Trauern kostet wahnsinnig viel Energie. Deshalb ist es wichtig, dass Sie sich mit neuer Energie versorgen. Tun Sie etwas Kleines und Einfaches, das Ihnen ein wenig Freude macht. Schöne Musik, ein Bad mit duftendem Öl, zünden Sie Kerzen an. Es sind diese kleinen Dinge, die Sie mit großer Aufmerksamkeit in Ihren Alltag integrieren, die Ihnen Energie zurückbringen. Seit Stephans Tod haben meine Geschenke von Freunden meist mit Wellness zu tun. Ich habe heute immer einen guten Vorrat an Kerzen, tollen

Duschgels und Badeölen, Gesichtsmasken, Nagellacken, Handcremes oder besonderen Teesorten.

Während meiner Reise durch die Trauer bin ich unzählige Male zurück ins schwarze Loch gerutscht. Das Wichtigste in solchen Situationen ist, immer wieder aufzustehen, wie schwierig es auch sein mag. Noch heute stürze ich gelegentlich ab, ich kämpfe aber nicht mehr dagegen an. Inzwischen weiß ich, dass ich danach wieder aufstehen werde. Damit verliert das Durchleben meines Schmerzes ein wenig den Schrecken. Ich kann das Abstürzen jetzt ganz ohne Panik zulassen. Denn inzwischen habe ich gelernt, mit dem Loch in meinem Herzen zu leben. Mein neues Leben ist um dieses Loch herum gebaut.

Ich bin durch meine Trauer hindurchgekommen – also werden Sie es auch schaffen. Mir ist bewusst, dass es niemals wie vorher sein wird, egal wie viel Zeit vergangen ist. Damit habe ich meinen Frieden geschlossen: Denn mein neues Leben ist auch richtig gut.

Man muss die Kraft aufbringen,

sein eigenes Leben zu leben, und erkennen,

dass man sein Schicksal selbst in die Hand nehmen muss.

Unbekannt

AUS ZITRONEN LIMONADE MACHEN - AUF ENTDECKUNGSREISE INS NEUE LEBEN!

Es gibt diesen wunderbaren Spruch: Wenn dir das Leben Zitronen gibt, mach Limonade daraus! Zitrone bleibt jedoch Zitrone, wir können sie mit dem positivsten Denken nicht zur Apfelsine machen und sollten das auch gar nicht erst versuchen. Die Frage ist vielmehr: Wie gehe ich mit der Zitrone um?

Vor vielen Veränderungen können wir uns überhaupt nicht schützen. Vieles passiert einfach – wie der Tod des Partners. Das sind Ereignisse, auf die wir keinen Einfluss haben, mit denen wir uns trotzdem auseinandersetzen müssen. Wenn wir weiterleben wollen, bleibt uns gar nichts anderes übrig, als solche Veränderungen in unserem Leben anzunehmen.

Gewohnte und sichere Pfade verlassen, Neues wagen – weil sich ohnehin alles immer wieder ändert: Vielleicht brennt diese Sehnsucht auch in Ihrem Herzen. Und allzu oft wischen wir den Wunsch beiseite, etwas anderes zu machen. Doch warum? Fehlt uns der Mut? Oder das Vertrauen in uns selbst? Dabei gibt es viele Beispiele von Trauernden, die ihr Leben nach dem Verlust des Partners radikal geändert haben. Vielleicht braucht es manchmal nur einen kleinen Stups.

Wenn viele diesen Wunsch nach Veränderung in sich tragen, ist die Frage, warum manche ihre Wünsche mit bewundernswerter Leichtigkeit umsetzen, während andere nur davon träumen und dadurch immer unzufriedener mit ihrem Leben werden. Wann hatten Sie zum letzten Mal ein leichtes, unbeschwertes Glücksgefühl?

Ich habe andere Menschen oft für besser gehalten als mich selbst. Habe zu ihnen aufgeschaut und mich dabei oftmals selbst kleingemacht. Ich glaubte, sie wüssten mehr als ich, seien schlauer, cooler, hätten einfach mehr drauf. In den letzten Jahren habe ich etwas gelernt, das mich selbst überrascht hat: All das stimmt gar nicht. Meine Freundinnen schenkten mir zum Geburtstag einen gemeinsamen Malworkshop. Wir malten alle einen Löwen. Auf der Geburtstagskarte stand: »Für unsere Kämpferin, die absolute Löwenmama!« Als wir während des Malens darüber sprachen, wie sie mich sehen, sah ich mich selbst plötzlich völlig neu:

eine Kämpferin. Ein großartiger Mensch. Mit einem verdammt guten Herz. Klug. Extrem schnell. Eine Frau, die eine ganz besondere Reise vor sich hat.

Damit kam wieder Bewegung in mein Leben. Ich fragte mich, warum ich mich all die Jahre in der Position der Schwächeren gesehen hatte, obwohl ich spürte, dass alles gut werden würde. Nur wie? Rückblickend war es ganz einfach: die Vergangenheit loslassen. In der Gegenwart ankommen. Die Zukunft nicht fürchten. Es ist an uns, unsere neue Welt zu entdecken und für uns aufzubauen. Dafür ist es nie zu spät oder zu früh, wir sind auch nie zu alt, um uns mit diesen Fragen zu beschäftigen:

~ Was erwarte ich von der Zukunft?
~ Habe ich Träume, die ich verwirklichen will?
~ Welche Ziele habe ich vor Augen?
~ Wo möchte ich in 5 Jahren stehen?
~ Was kann ich schon heute dafür tun?
~ Welche grundsätzlichen Entscheidungen werden aller Wahrscheinlichkeit nach auf mich zukommen?
~ Wie kann ich Stolpersteine aus dem Weg räumen?
~ Was passiert, wenn nichts passiert?

Das sind Fragen, die zunächst vielleicht ganz schön groß erscheinen mögen. Aber sie werden kleiner, wenn Sie sich ihnen Stück für Stück nähern, sich mit ihnen auseinandersetzen und Ihre Antworten aufschreiben.

Erinnern Sie sich an den Riesen Tur Tur aus dem Kinderbuch *Jim Knopf und Lukas der Lokomotivführer*? Der Scheinriese Tur Tur wurde kleiner und verlor an Schrecken, je näher man ihm kam. Als Jim Knopf ihm endlich die Hand schüttelte, war er sogar richtig nett. Dem gleichen Prinzip können Sie bei unklaren Alternativen folgen. Gehen Sie auf Ihren ganz persönlichen Scheinriesen zu und nähern Sie sich ihm in kleinen Schritten.

Dieses Vorgehen braucht Zeit, also zwingen Sie sich nicht zur Eile. Aus meiner Erfahrung ist es wichtig, sich Zeit für die Trauer zu nehmen. Es ist aber ebenso wichtig zu wissen, wann der Zeitpunkt gekommen ist, zu handeln und den Fokus vom Leben, das wir einmal hatten, auf das Leben zu lenken, das wir künftig führen wollen.

Ich weiß, dass es eine Menge Trauernde gibt, die genau dort sind, wo ich damals war. Aber auch nach dem denkbar schlechtesten Tag können wir am nächsten Morgen aufwachen und neu anfangen.

Der Mensch bereist die Welt
auf der Suche nach dem, was ihm fehlt.
Und er kehrt nach Hause zurück, um es zu finden.

George Moore

WAS KOSTET DIE WELT?
ODER OUTDOOR-REHA!

Ich weiß nicht, wie oft ich in den letzten Monaten meine Fotos auf dem Smartphone durchgescrollt habe nach Schnappschüssen aus zurückliegenden Urlauben, die ich mit den Kindern seit Stephans Tod erleben durfte. Fotos von türkisblauen Buchten, von verwinkelten Gassen, blühenden Orangenbäumen oder Sonnenuntergängen am Meer oder in den Bergen. Jedes Mal dachte ich, wie großartig es wäre, sofort wieder gemeinsam zu reisen. Nach dem Motto: Ihr Sorgen, ihr bleibt mal schön zu Hause. Und es stimmt auch, dass man sich meist eine ganze Weile nicht mit Alltagsstress oder Traurigkeit auseinandersetzen muss, wenn man im Urlaub ist und sich von Sonne und Abenteuern ablenken lässt.

Beim ersten Urlaub ging es darum, noch eine Rechnung mit dem Schicksal zu begleichen. Schließlich hatte sich mein letztes Gespräch mit Stephan um einen Action-Urlaub in Frankreich mit meinem Cousin Lars und dessen Familie gedreht. Ich wollte in die Fußstapfen meines Mannes treten und das volle Action-Programm für ihn absolvieren.

Es fing mit Canyoning an. (Für alle gemäßigteren Sportler: Darunter versteht man das Durchqueren einer Schlucht von oben nach unten in den verschiedensten Fortbewegungsarten.) Zuerst musste ich mich in einen viel zu engen Thermoanzug quetschen und mich mitsamt meiner Ausrüstung bei gefühlten 40 Grad eine Dreiviertelstunde steil bergauf quälen. Zur Abkühlung durfte ich dann von einem Felsvorsprung in einen eiskalten Gebirgssee springen. Damit aber nicht genug. Eine Seilrutsche (Zipline) über einen Abgrund war im Nachhinein noch das Angenehmste. Andauernd musste ich irgendwo runter- oder reinspringen.

Die Jungs waren begeistert. Ich fühlte mich allerdings mehr und mehr als lästiges Anhängsel der gesamten Gruppe. Da ich permanent vor allem Angst hatte, mussten die anderen immer auf mich warten. Es gab ja auch Elementares zu befürchten, hatte Stephan uns doch vor ein paar Monaten bewiesen, dass wir tatsächlich sterblich sind. Andererseits hatte ich schon den Ehrgeiz, mich bei dieser »Outdoor-Reha« ein bisschen zu fordern.

Deshalb ging es in den nächsten Tagen munter weiter.

Unter anderem mit einer 24-km-Paddeltour auf der Ardè-che. Stolze Paddelzeit: 6 Stunden! Ich dachte, ich würde ertrinken, als mein Neffe unser Boot in einer berüchtigten Stromschnelle zum Kentern brachte, das Wasser schlug über mir zusammen und ich verlor jede Orientierung. Wäre das nicht ein spektakuläres Ende für eine Outdoor-Witwen-Reha gewesen?

Als der erste Urlaub ohne Stephan zu Ende ging und wir zurückkehren mussten, begannen wir, jeder auf seine Weise, wieder im normalen Leben Fuß zu fassen. Es war das Beste, was wir für uns tun konnten. Wir hatten in diesem Urlaub eine großartige Zeit zusammen und dann nach drei Wochen Abstand heimzukommen, das fühlte sich wie ein neuer Anfang an. Was andere Leute über uns dachten, war mir einfach nur egal. Die Meinung anderer hat für mich ohnehin einen geringeren Stellenwert bekommen.

Die nächste Reise führte uns über Weihnachten und Neujahr nach Neuseeland. Auf dem Weg dorthin haben wir ein paar Tage. Stop-over in Dubai gemacht. Dort angekommen, mussten wir ein spezielles Taxi nehmen, da ich als allein reisende Frau mit Kindern unterwegs war. Für die Taxifahrerin war ich eine Wonder-Widow! Warum gibt's die nicht längst als Superheldin? In Neuseeland haben wir gemeinsam mit unserer dort lebenden Familie eine wunderbare Zeit verbracht. Ich dachte oft an Stephan, natürlich, aber sein Tod schien manchmal so unwirklich wie die

Landschaft. Allzu gerne hätte ich diese zum Niederknien schönen Ausblicke mit ihm geteilt.

Diese Reisen waren »Outdoor-Reha at its best«. Ich war zutiefst dankbar, dass ich das erleben durfte. Ich bin eine Überlebende! Unterm Strich haben uns die gemeinsamen Urlaube als Familie noch stärker gemacht und enger zusammengeschweißt. Fortan habe ich mit meinen »favourite travelbuddys« weitere wunderschöne Reisen unternommen. Ich genieße einfach diese Zeit mit meinen Jungs, weiß ich doch, dass sie begrenzt ist. Irgendwann werden sie mehr ihre eigenen Wege gehen. Und das ist auch in Ordnung so.

Neue Erfahrungen schaffen gemeinsame neue Erinnerungen. Urlaub ist vor allem dazu da, unser »Seelenenergie-Fass« aufzufüllen – und das kann überall sein. Eigentlich ist das ein schöner Gedanke: Im Urlaub lernen wir, uns um uns selbst oder um uns als Familie zu kümmern und nicht um das Urlaubsziel. Deshalb ist es auch gar nicht so schlimm, wenn wir mal nicht wegfahren. Statt vor der Alltagsroutine zu flüchten, reisen wir einfach mal zu uns selbst nach Hause. Ich bin gespannt, welche Schnappschüsse ich dann mit meinem Handy mache. Vielleicht lasse ich es aber auch mal ausgeschaltet.

Alice:

»Ich habe immer gedacht, die Zeit wäre ein Dieb,
die mir alles stiehlt, was ich liebe.
Aber jetzt weiß ich, dass sie gibt, bevor sie nimmt,
und jeder Tag ist ein Geschenk.
Jede Stunde. Jede Minute. Jede Sekunde.«

Lewis Carroll

WOHIN MIT ALL DEINEN SACHEN?

Wenn ein Mensch stirbt, hinterlässt er nicht nur Erinnerungen, sondern auch Bekleidung, Bücher und all die anderen Dinge, die sich im Laufe eines Lebens so ansammeln. Man hat nicht nur einen Raum oder einen Schrank zu entrümpeln, sondern zugleich ein ganzes Leben. Das fällt enorm schwer.

Die kleinsten Dinge besitzen einen emotionalen Wert, sie symbolisieren etwas. All diese Gegenstände durch die Hände gleiten zu lassen, weckt Erinnerungen. Es konfrontiert jedes Mal aufs Neue mit der Vergangenheit, aber auch mit der Zukunft ohne diesen Menschen. Wie geht das: trauern und sich

zugleich von einem Teil der persönlichen Habselig-
keiten zu verabschieden?

Es gibt zwei Extreme, wenn es um den Zeitpunkt geht:
Auf der einen Seite stehen diejenigen, die innerhalb einer
Woche alle Sachen aus dem Haus entfernen, und auf der
anderen Seite diejenigen, bei denen die Sachen ihres verstorbenen Partners über Jahre unverändert im Kleiderschrank hängen. Was ist nun richtig oder falsch? Ganz
einfach das, was dem Betreffenden guttut! Das ist immer
der Maßstab. Man muss für sich selbst spüren, wann der
richtige Zeitpunkt ist, sich von Dingen zu trennen. Viel
wichtiger sind ohnehin die Erinnerungen, die wir im Herzen tragen und von denen wir hoffentlich ganz oft erzählen
dürfen.

Ein gutes Jahr nach Stephans Tod habe ich das Frühjahr,
die ersten Sonnenstrahlen, genutzt, um mir Gedanken über
die Gestaltung des Dachstudios zu machen. Unser Dachstudio haben wir geliebt. Es war zugleich Schlafzimmer,
Büro, Leseecke, begehbarer Kleiderschrank und unser
persönlicher Rückzugsort. Da Stephan im Dachstudio zu-
sammengebrochen ist, lief an dieser Stelle jeden Tag mein
Film ab. Nun war ich bereit, alles völlig neu zu gestalten,
ohne den Zweck dieses Rückzugsortes zu entfremden. Es
sollte *mein* Bereich werden, *mein* Dachstudio, frei von permanenten Auslösern für Erinnerungen und Trauer.

Dazu gehörte auch, Stephans Sachen auszusortieren.

Ich wusste, dass ich das ohne Heulkrämpfe niemals allein würde bewältigen können. Meine Nachbarin war dafür die perfekte Person. Mit niemandem sonst hätte ich das geschafft. Sie war sofort bereit, mir zu helfen. Sie hat ein großes Herz, ist aber völlig unsentimental, was Bekleidung oder sonstige Gegenstände betrifft. Ihr Ordnungsstil hatte mich immer begeistert. Sie erklärte mir die Methode von Marie Kondo. Bevor wir zur Tat schritten, sahen wir uns einige Folgen der Netflix-Doku »Aufräumen mit Marie Kondo« an. Darin erklärt die Aufräumexpertin und Bestsellerautorin, die schon diverse Bücher über das Aufräumen herausgebracht hat, wie Menschen richtig aufräumen und Ordnung schaffen.

Marie Kondos System für Ordnung ist klar strukturiert: Es wird nach Kategorien ausgemistet. Zuerst werden beispielsweise Kleidungsstücke aussortiert, dann Bücher, Papiere und zuletzt Erinnerungsstücke. Schließlich hat man Stück für Stück die ganze Wohnung und darüber hinaus sein ganzes Leben vom Chaos befreit. Kondos These ist, dass die »Magie des Aufräumens« jeden zum zufriedenen, ausgeglichenen Menschen macht. Doch stimmt das, funktioniert die Aufräummethode der Japanerin wirklich? Warum sollte diese Methode nicht auch in einem Trauerfall helfen, den Nachlass an Dingen zu ordnen? Ich war von den Folgen begeistert und wollte es für mich herausfinden.

Alle Gegenstände einer Kategorie werden der Reihe nach auf einen Haufen geworfen. Anschließend nimmt man jedes einzelne Teil in die Hand und fragt sich, ob dieses einen glücklich macht. »Does it spark joy?« Falls dies nicht der Fall sein sollte, wird das Stück sofort ausgemistet.

Wichtig ist dabei, dass man sich immer bei dem Gegenstand bedankt, bevor man ihn entsorgt. Schließlich hat dieser uns schon einmal Freude bereitet. Die Dinge, die bleiben dürfen, werden dann mithilfe von Kisten und Etiketten in Schränke und Regale geräumt. Kleidung wird nach einer speziellen Technik sorgfältig gefaltet.

An einem verregneten Sonntag ging es los: Stephans Kleidung hatte seit seinem Tod leider sukzessive ihren Geruch verloren. Nach seinem Tod hatte ich jeden Morgen an seiner Kleidung geschnuppert. Aber das musste aufhören, damit Neues entstehen konnte.

Meine Nachbarin wollte sich um Stephans Sachen kümmern, ich mich um meine eigenen. Wir vereinbarten, dass es einen kleinen Koffer mit Erinnerungsstücken seiner persönlichen Dinge geben sollte, der auf dem Dachboden aufbewahrt werden würde. Der Rest sollte gespendet werden. Immer wenn mir bei der Entscheidung, was in diesen Koffer kommen sollte, Tränen in die Augen traten, wurde meine Helferin energisch: »Hör auf zu heulen, es sind nur DINGE! Also entscheide zügig: Does it spark joy? Entweder ab in den Koffer oder weg damit!«

Am Ende ist es tatsächlich bei einem kleinen Koffer geblieben. Kurios, dass ich unbedingt Stephans ausgeleierte Sporthose behalten wollte. Wir verstauten diesen Koffer gemeinsam. Bis heute habe ich nicht mehr reingeschaut. Es ist dennoch ein beruhigendes Gefühl, dass ich das jederzeit tun könnte.

Meine Sachen sortierten wir komplett neu ein. Mir war gar nicht bewusst, wie viel Klamotten ich besaß. Nun war alles sortiert nach Jahreszeit, Funktion und Farbe. Alle Kleiderhaken in eine Richtung. Ich bestaunte meinen Kleiderschrank. Das war definitiv ein Wow-Moment: Übersichtlich und akkurat hingen da Kleider, Blusen und Blazer, der Rest war sorgsam gefaltet. Der Schrank war alles andere als vollgestopft, jedes Kleidungsstück kam zur Geltung.

Marie Kondos Methode schien zu funktionieren. Sie stellt die Frage, ob es wirklich Sinn macht, etwas aufzuheben, oder ob es besser ist, es loszulassen. Es geht darum, jedes einzelne Stück zu würdigen, weil es irgendwann wichtig war, jetzt aber keinen Zweck mehr erfüllt. Weniger ist wie so oft mehr. Ein echter Befreiungsschlag.

Am Ende habe ich unseren kompletten Haushalt in nur wenigen Monaten nach dieser Methode ausgemistet. Während der Coronapandemie habe ich sogar noch renoviert und modernisiert. Alles in einem Mix aus skandinavischem und Hamptons-Stil. Wie ich unser neues Zuhause liebe. Es ist herrlich!

Man reiche der Witwe ein Glas Veuve Clicquot!

DIE BÜHNE BETRETEN

Die Bezeichnung »Witwe« klingt alles andere als glamou-
rös, aber tatsächlich trägt eines der berühmtesten Luxus-
getränke der Welt meinen Familienstand im Namen,
denn der Aufstieg von Barbe-Nicole Clicquot-Ponsardin
zu einer der erfolgreichsten und vermögendsten Unter-
nehmerinnen des 19. Jahrhunderts begann mit dem Tod
ihres Mannes. Die unscheinbare Französin aus Reims – von
Historikern als klein, rundlich, pausbäckig und rübennasig
beschrieben – war 27 Jahre alt, als sie die Witwe Clicquot
(»Veuve Clicquot«) wurde. Aus der siebenjährigen Ehe mit
François Clicquot blieben ihr eine Tochter und ein kleiner
Champagner-Betrieb. Fast ohne Vorbildung, dafür aber mit
großem Kampfgeist verwandelte sie diesen Betrieb in ein
Luxus-Imperium. Was für eine Geschichte! Wie wichtig
die Witwe noch heute für die Vermarktung ist, sieht man
daran, dass auf jedem Champagnerdeckel der Marke ein
Bildchen von Barbe-Nicole Clicquot-Ponsardin haftet.
Sozusagen der Geist auf der Flasche. Besonders gefallen

hat mir der Auszug eines Briefes, den sie an ihre Cousine schrieb, um ihr Trost zu spenden: »Ich habe erfahren, dass wir nicht immer Pech haben können. Also, meine Liebe: Mut, Geduld und Vertrauen in das Schicksal.« Fazit: Ab sofort nur noch Veuve Clicquot!

Bei mir ging es zwar nicht darum, von null auf hundert durchzustarten, aber es drängten sich verstärkt fundamentale Fragen auf. Sollte ich das Tempo drosseln? Mehr Zeit für mich finden? Oder sogar etwas ganz anderes machen? Vielleicht ein anderer Look? Das Internet ist voller Geschichten von Menschen, die nach dem Tod eines geliebten Menschen eine neue Karriere starten. Im Radio lief das Lied »Himmel auf!« von Silbermond und ich fragte mich: Wann reißt denn der Himmel für mich auf? Schließlich ist Himmel ein Synonym für Glück, Frieden, Freude, Leben. Dieser Satz beinhaltet aber auch die Aufforderung: Vertrödelt eure Zeit nicht damit, in den Himmel zu starren! Das Leben ist hier auf der Erde, nehmt es in die Hand. Sucht das Glück im Hier und Jetzt. Aber wann geht dieser Plan, den ich für mein neues Leben oder für irgendetwas anderes im Kopf habe, endlich auf?

In der ersten Zeit nach Stephans Tod hätte ich gern die früher übliche schwarze Trauerkleidung getragen. Dann hätte ich meine Verzweiflung nicht jedem erklären müssen. Eine schwarze, schützende Decke, die mich von der Außenwelt abschirmt. Außen schwarz und innen schwarz. Schwarz sorgte dafür, dass ich nach außen so aussah, wie ich mich innerlich fühlte: Dunkel. Elend. Untröstlich. Aber schon nach einigen Tagen sagten meine Jungs zu mir: »Mama, Schwarz steht dir nicht, zieh dich bitte wieder normal an.«

Zu meinem Geburtstag im Juni schenkte mir meine Nachbarin das Buch »Neues aus der Umkleidekabine – richtig shoppen, super aussehen« von Brenda Kinsel. Ich amüsierte mich prächtig. Niemand sonst wäre auf die Idee gekommen, mir am ersten Geburtstag ohne Stephan ein solches Buch zu schenken. Aber das erwies sich als ein »Tritt in den Hintern«, löste aus, dass ich mich fortan mehr um mich selbst, mein Aussehen und mein Auftreten kümmerte. Ich verschlang das Buch in wenigen Tagen. Es geht darum, ohne Geld- oder Zeitverschwendung bei jeder Gelegenheit perfekt gekleidet zu sein, denn es tut unserer Seele gut, wenn wir in den Spiegel schauen und uns hübsch finden.

Gehen Sie mit offenen Augen durch die Natur. Sie demonstriert uns unablässig, dass Schönheit etwas ist, das sich in stetem Wandel befindet. Sie zeigt uns immer neue Farben und Formen, die nur darauf warten, von uns entdeckt und als Inspiration für unsere Garderobe genutzt zu werden. Lassen Sie sich beispielsweise im Frühling von den Narzissen und Krokussen dazu inspirieren, »frischen Wind und neue Knospen« in Ihre Garderobe zu bringen.

Das Leben ist ein Fluss. Lassen Sie sich davon in

Bewegung bringen und auf seinen Wellen tragen. Verharren Sie nicht unbeweglich und festgefahren, sondern bleiben Sie offen und haben Sie Mut. Es braucht Mut, um durchs und ins Leben zu kommen, gerade nach Rückschlägen. Wenn Sie sich stark fühlen wollen, dann schmeißen Sie sich in Ihre »Power-Garderobe«. Die Kleidung, die für Sie Power versprüht, wirkt sich ganz bestimmt auf Ihre Stimmung aus. Ich wünsche Ihnen die tiefe Befriedigung, die man empfindet, wenn man sich selbst im Spiegel sieht und das, was man sieht, liebt: eine äußere Erscheinung, die Ihr inneres Selbst widerspiegelt. Nämlich die wunderbare Person, die Sie hier und heute sind. Seien Sie zärtlich, liebevoll und großzügig zu sich selbst. Dazu braucht man kein großes Budget!

Mit dieser Erkenntnis kaufte ich mir jobbedingt ein Jahr nach Stephans Tod ein wunderschönes langes beerenfarbenes Kleid für eine »Hollywood-Night«. Mein Job in der Bank ist unter anderem die Eventorganisation. Viele meiner Kollegen haben mich auf dieser Veranstaltung das erste Mal seit Stephans Tod wiedergesehen: »Silke, bist du das?! Wow, du siehst toll aus!« Das war Balsam für meine Seele.

Glück ist nicht in einem ewig
lachenden Himmel zu suchen,
sondern in ganz feinen Kleinigkeiten,
aus denen wir unser Leben zurechtzimmern.

Elisabeth zu Wied

LIEBE DICH SELBST. SEI GUT ZU DIR.

Meine Mutter sagte kürzlich zu mir, sie würde auch mit über achtzig eine unbändige Lust am Leben verspüren. Das ist großartig. Auf ihre Lebenseinstellung bin ich stolz. Ich beneide Jüngere nicht, weil ich inzwischen die Lebenserfahrung habe, einen schönen Tag besonders zu genießen. Auch das lehrt uns das Leben: dem Verlorenen nicht unentwegt nachtrauern und das Misslungene annehmen.

Heute schaue ich gern zurück und ohne Angst nach vorn. So eine Lebenshaltung lässt sich natürlich nicht jeden Tag forcieren. Aber es tut gut, sie bewusst zu kultivieren, weil sie das Gleichgewicht gibt, den Tag zu gestalten. Das kleine Glück im Alltag genießen – das gehört für mich zur neuen Lebenslust.

Ich liebe es, Einladungen bei uns zu Hause unter ein

Motto zu stellen. So habe ich irgendwann alle Freunde zu einem »Diner en blanc« in unseren Garten eingeladen. Alles war perfekt organisiert und dekoriert. Gerade als die Gäste eintrafen, zog plötzlich eine dunkle Wolke auf. Früher hätte ich in einer solchen Situation vor Enttäuschung geheult. Heute steh ich darüber, das Wetter kann ich eben nicht beeinflussen. Aber den Umgang damit schon. Wir haben kurzerhand gemeinsam alles unter die Markise geräumt, hatten einen wunderschönen Abend und haben viele Toasts in den Himmel geschickt. Schön war's!

Mittlerweile finden regelmäßig sogenannte »Summer-Vibes« in unserem Garten statt. Das bedarf keines großen Aufwandes. Es reicht, einfach zusammenzusitzen und Zeit miteinander zu verbringen. Den Jungs habe ich zu Weihnachten einen »Beer-Pong«-Tisch geschenkt, der fester Bestandteil bei unseren sommerlichen »Chill-outs« geworden ist.

Mir ist es wichtig, Freundschaften zu pflegen, einander zu begleiten und gemeinsame Pläne zu schmieden. Mit meinen Freundinnen mache ich Kurzausflüge, Wanderurlaube oder wir besuchen Ausstellungen. Immer wieder unternehmen wir etwas Neues. Zeit zu investieren ist wichtig und auch, gemeinsame Zeiten zu planen. Wir müssen einander oft auf den neuesten Stand bringen, denn im Alltag ist meist gar keine Gelegenheit zu erzählen, was sich in unserem Leben ereignet. Aber Freundschaften wollen gepflegt werden – je älter ich werde, desto besser begreife ich das. Wir wissen unsere Freundschaften sehr zu schätzen und was wir aneinander haben.

»Gönn dir, Mama!«, sagen meine Jungs oft zu mir. Und das mach ich dann auch im Rahmen meiner Möglichkeiten. Ich gönne mir heute beispielsweise häufiger Besuche bei der Kosmetikerin. Früher war ich höchstens zwei Mal im Jahr dort.

Zu Weihnachten bekam ich eine Amazon-Alexa. Seitdem ist im Haus »Musik Trumpf« und wir hören alle Musikrichtungen. Wenn ich mal wütend auf die Jungs bin, rufen sie: »Alexa, spiel ›Mama‹ von Heintje – Stärke 10!« Es dröhnt im ganzen Haus und wir lachen wieder. Sind Freunde meiner Kinder zu Besuch, singen alle lauthals mit. Das baut Spannungen ab und gibt eine Extraportion gute Laune. Probieren Sie es mal, denn dann fühlt sich alles plötzlich leichter an!

Wenn eine Tragödie zuschlägt, sollten wir mit einer *Liebesbombe** zurückschlagen. Geben wir uns die Erlaubnis, wieder glücklich zu sein, denn wenn uns das Leben einen herben Schlag versetzt, haben wir oft Probleme damit, das Schöne wieder zu genießen und dem Glück zu trauen. Wenn Ihnen also etwas Gutes widerfährt, dann lassen Sie es einfach zu und erfreuen sich daran! Denn das Schicksal, sofern es eins gibt, teilt blind aus vollen Händen aus und es ist an uns, auch das Gute dankbar anzunehmen.

*Die Geschichte der *Liebesbombe* ist folgende: Ein

chinesischer Arzt sagte einmal, dass die Menschen in der Lage sind, Atombomben zu bauen, aber keine Liebesbomben.

Vergiss nie,
dass hinter den Wolken die Sonne scheint.
Unbekannt

AKZEPTIEREN, WIE ES IST, ODER: ES IST, WIE ES IST, UND ES KOMMT, WIE ES KOMMT!

Der Regenbogen ist ein wunderbares Symbol dafür, wohin uns die Trauer führt: Sie lässt uns nicht im Regen stehen, aber sie führt uns auch nicht dorthin, wo immer nur die Sonne scheint.

Der Chemnitzer Psychotherapeut Sebastian Remmers hat in einer Studie zum Thema Trauerbewältigung festgestellt, dass Akzeptanz der entscheidende Faktor für einen gelungenen Trauerprozess ist. Er befragte in seiner Studie 66 Personen, die gerade ihren Lebenspartner verloren hatten, zu ihren Gedanken und Haltungen rund um den Verlust. Gleichzeitig erhob er die Entwicklung der depressiven Symptome im Laufe von neun Monaten. In dieser Studie zeigte sich, dass die Verarbeitung des Verlustes sich am nachhaltigsten besserte, wenn die Personen den Tod des Partners annahmen und von Anfang an der Aussage zustimmten: »Ich akzeptiere, dass es passiert ist und dass nichts zu ändern ist.« Diese Haltung hatte sogar einen größeren positiven Einfluss auf den Trauerprozess als Optimismus oder die soziale Unterstützung durch andere.

Eine annehmende Haltung scheint also zu helfen. Doch wie kann sie gelingen? Der Dreh- und Angelpunkt, um einen ersten Zugang zur Akzeptanz zu bekommen, besteht immer in der Annahme der eigenen Gefühle. Wenn das Leben Achterbahn mit uns fährt, hilft meistens nur die Akzeptanz, dass wir uns in dieser Phase eben wie auf einer Achterbahn fühlen. Mir haben diejenigen Menschen am meisten Trost gespendet, die eine ebenso akzeptierende Haltung einnahmen, indem sie Verständnis aufbrachten, nichts schönredeten, mir die Hand reichten und dabei halfen, wieder aufzustehen.

Es gibt Dinge, die man nicht ändern kann. Da nützt es nichts, die zerstörerische Frage »Warum ich?« zu stellen. Darauf gibt es keine Antwort und wird es nie eine geben. Das Schicksal fragt Sie nicht nach Ihrer Zustimmung, jedenfalls hat es mich nicht gefragt, ob ich meinen Mann zu Grabe tragen will. Es gibt einfach Dinge, die passieren, und der Tod eines geliebten Menschen ist eines davon. Wir haben es nicht in der Hand. Den Wind können wir nicht beeinflussen, aber die Segel! Und die Intensität des Lebens!

Bis unser Spiel vorbei ist. Wenn Sie das hier lesen, ist Ihr Spiel noch nicht vorbei. Dann sind Sie noch am Drücker. Das alte Leben gibt es nicht mehr, aber was wir nicht ändern können, müssen wir annehmen.

Stephan hatte keine Zeit, sich vom Leben zu verabschieden. Der letzte Tag, den er hier auf dieser Erde unbeschwert verbracht hat, war ein ganz normaler Samstag im November. Hat er sein Leben gelebt, wie er es wollte? War es intensiv? Auf diese Fragen werde ich keine Antwort mehr bekommen.

So seltsam es auch klingt, stelle ich mir inzwischen oft die Frage: Wenn heute mein letzter Tag auf dieser Erde wäre, was würde ich jetzt noch am liebsten machen? Mit dieser Frage kann ich schnell für mich entscheiden, was für mich wichtig oder unwichtig ist. Putzen fällt definitiv hinten runter. Musik bis zum Anschlag aufdrehen? Veuve-Clicquot-Champagner mit meinen Liebsten trinken? Schon eher!

Mir war es wichtig, dieses Buch zu schreiben. Eines Abends habe ich mich einfach an den Computer gesetzt und angefangen zu tippen. Es war wie eine innere Eingebung. Wenn man plötzlich einen neuen Weg einschlagen muss, der gar nicht auf der Landkarte vorgesehen war, sollte man nicht nach dem Warum fragen, sondern einfach losgehen. Denken Sie an die Goldmarie aus dem Märchen »Frau Holle«! Sie stürzt sich in verzweifelter Lage mutig in den Brunnen, ins Ungewisse, begegnet unterschiedlichen

Herausforderungen, bleibt dabei sie selbst und findet am Ende ihr Glück.

Es gilt in Krisen zu unterscheiden, welche Dinge wir ändern können und welche Dinge wir nicht ändern können. Wir haben keine andere Wahl, als uns dem neuen Takt, dem neuen Rhythmus, anzupassen. Wenn wir Dinge nicht ändern können, ist es nötig, sie anzunehmen. Eine Grundvoraussetzung dazu ist, zu erkennen, was in unseren Einflussbereich fällt und was nicht. Unmittelbare Kontrolle gewinnen wir höchstens über unser eigenes Verhalten sowie über unser Denken und Fühlen.

Mit Krisen umzugehen, lernt man meiner Erfahrung nach nur, wenn man in Krisen steckt. So wie Schwimmenlernen nur im Wasser funktioniert und nicht, wenn wir angsterfüllt am Beckenrand stehen bleiben. Das Annehmen des Verlustes von Menschen, die wir lieben, gehört zu einer der schwersten Aufgaben, denen wir in unserem Leben gegenüberstehen. Wir müssen akzeptieren, dass wir nichts festhalten können, auch wenn wir es noch so verzweifelt versuchen. Es bleibt uns nichts, als mit unserem Schmerz umzugehen. Akzeptieren heißt dabei vor allem, loslassen zu lernen.

Trauer ist genauso persönlich wie ein Fingerabdruck. Ebenso individuell ist das, worin wir Trost finden. Es gibt Hilfestellungen, die einen guten Weg durch die Trauer ermöglichen. Der erste Schritt besteht darin, die Realität des Verlustes anzuerkennen. Das kann dauern. Das Herz ist am Anfang noch nicht bereit dafür, der Verstand ist wie betäubt. Selbst jetzt, wo ich diese Zeilen schreibe, bleibt der Gedanke, dass Stephan für immer fort ist, unerträglich. Je klarer es mir wird, desto mehr tut es weh. Oftmals habe ich mich so gefühlt, als hätte ich das Ruder nicht mehr in der Hand.

Aber ich habe gelernt, diesen verdammten Schmerz, den ich oft mit einer Welle verglich, anzunehmen. Diese Welle riss mich immer wieder, in ganz unerwarteten Momenten, um. Sie entsteht irgendwo bei mir im Bauchraum, kommt urplötzlich, tagsüber, nachts, während eines Meetings. Und manchmal mit überwältigender Macht! Da hilft es nur, mich in Demut von der Trauerwelle mitnehmen zu lassen, bis sie mich wieder freigibt. Aber dann kann ich wieder schwimmen!

Mir hilft es, dass ich zwei Söhne habe, die mich brauchen. Mein Motto wurde: Verliere nicht das, was du hast, an das, was du bereits verloren hast.

Ich habe auch gelernt, dass das Leben alles für mich bereithält, was ich zum Leben brauche. Es gibt kein »Fertig«. Alles geht immer weiter – zwischen Sonne und Regen ist das Leben bunt.

Und wenn du das Gefühl hast,
dass gerade alles auseinanderzufallen scheint,
bleibe ganz ruhig ...
Es sortiert sich nur neu.

Unbekannt

EINBRÜCHE UND RÜCKFÄLLE

Manchmal musste ich die Dinge einfach ruhen lassen. Dann ordnete sich einiges von selbst und ich sah wieder klarer, welchen Schritt ich angehen konnte. Die Devise, die ich mittlerweile gefunden habe, auch wenn sie mir nicht leichtfällt, lautet: Mach einfach mal einen Schritt zurück. Oder wie meine Jungs es auszudrücken pflegen: »Chill mal, Mama!«

Unsere Gesellschaft ist geprägt vom Ringen um Selbstoptimierung. Viele Menschen haben eine »Geht nicht gibt es nicht«-Mentalität«, die meines Erachtens an der Realität vorbeigeht. Sie erschwert den Umgang mit den harten Zeiten im Leben. Vielleicht haben deshalb viele verlernt, schwierige Phasen im Leben durchzustehen. Warum nicht akzeptieren, dass es schwierige Zeiten, Verlust, Verzicht und Beschränkungen gibt? Ist es nicht vollkommen überzogen, immer nur das Beste vom Leben zu fordern?

Wer also bei Rückschlägen sofort glaubt, die Kontrolle zurückerobern zu müssen, geht schnell in einen Kampfmodus und schadet sich damit letztlich selbst. Eine Alternative, die mehr Ruhe ins Leben bringt, ist es, den Aktionismus aufzugeben und zu versuchen, die Dinge erst mal anzunehmen, wie sie eben sind. Wer eine Situation so annimmt, wie sie ist, muss deshalb längst nicht mit ihr einverstanden sein! Natürlich lieben Sie Ihre momentane Lage nicht, dennoch können Sie dahin kommen, sie anzunehmen.

Eines Tages wurde ich an der Käsetheke im Supermarkt angesprochen: »Na Silke, wie geht's dir so?« – »Gut.« – »Prima, die Zeit heilt alle Wunden.« Ich habe gelernt, mit diesen unsäglichen »Die Zeit heilt alle Wunden«- und »Denk positiv«-Sprüchen umzugehen und nicke dann nur noch nett. Aber es gibt einen guten Ratschlag an diejenigen, die Sie mit diesen Phrasen behelligen: Einfach mal die Klappe halten! Und 2 Euro ins Phrasenschwein! Wenn denjenigen nichts Tröstliches einfällt, wäre Schweigen die elegantere Lösung. Hier meine persönliche Hitliste von unpassenden Trostworten:

~ Die Zeit heilt alle Wunden.
~ Das wird schon wieder.

~ Ich weiß genau, wie du dich jetzt fühlst. Als ich damals ... (bla, bla, bla)

~ Du bist nicht die einzige junge Witwe. Was glaubst du, wie viele Frauen damals im Krieg ihre Männer verloren haben?

~ Du bist doch noch jung und kannst wieder heiraten.

~ Sei froh, dass du keinen Schwerstpflegefall zu Hause hast.

~ Kopf hoch – auch das geht vorüber.

~ Das Leben geht weiter.

~ Alles hat seinen Grund.

~ Hast du es schon verarbeitet?

~ Wenigstens hat er nicht leiden müssen.

~ Weißt du schon, wer noch gestorben ist?

Die wichtige Information zu diesen Plattitüden: Auch gut gemeint, kann grausam sein – und Ratschläge sind auch Schläge!

Bei all diesen Sprüchen möchte ich am liebsten die rote Karte ziehen. Da könnte dann so was draufstehen wie: »Dann lass uns mal die Rollen tauschen und schau du bitte, wie es sich anfühlt ...«

Mir ist es wichtig, auf den Kassenschlager »Die Zeit heilt alle Wunden!« einzugehen: Ich habe es so erlebt, dass die Zeit Wunden überhaupt nicht heilt. Wunden heilen nur durch das Annehmen und Bewältigen. Zeit, die vergeht, hat keine heilenden Eigenschaften. Auch wenn es

116

sich manchmal so anfühlen mag, dass Schicksalsschläge, die weit zurückliegen, nicht mehr so schlimm sind. Es liegt nicht etwa an der *Zeit*, die ins Land gezogen ist, sondern an dem *Menschen*, der sich mit der Zeit verändert und diese Situation bewältigt und verarbeitet hat. Und es gibt Wunden und Narben, die nie ganz verheilen, die uns bleiben und die wir durchs Leben tragen. Auch das darf sein.

Zeit kann uns Abstand zu etwas verschaffen und uns einen Perspektivwechsel ermöglichen. Im Hintergrund passiert aber auch immer etwas mit uns selbst. Wenn wir also aktiv an unserer Bewältigung und Verarbeitung des Verlustes arbeiten, ist die Zeit unser Helfer, um unsere Wunden zu versorgen, damit sie heilen können. Aber die Zeit allein ist keine verlässliche Rettung aus unserer Trauer. Zeit ohne Bewältigungsarbeit erzeugt meist nur tiefere Narben.

Es gab Phasen, in denen ich die Trauer über meinen Verlust unterdrückt habe. Doch sie holte mich immer wieder ein. Dann leider auch mit größerer Macht. Trauer kennt kein Maß und keinen bestimmten Ort. Ich fühlte mich nicht ausgeruht, egal wie lange ich geschlafen hatte. War unendlich müde und erschöpft. Musste im Auto Musik anmachen, damit mir auf dem Rückweg von der Arbeit nicht die Augen zufielen. Trauer*arbeit* nennt man es. Das erklärt, warum Trauernde manchmal so müde sind. Man braucht zuweilen Stille und Einkehr, um erkennen zu können, was der Verlust bedeutet, um allmählich eine neue Reise zu beginnen. Schließlich hat man beim Verlust des Partners nicht nur diesen verloren, sondern auch die gemeinsame Zukunftsperspektive.

Die viel zitierten Trauerphasen der Verzweiflung, Hoffnung, Annahme und des Handelns durchlebt man nicht linear nur einmal nach einem Schicksalsschlag, sondern beliebig oft. Manchmal durchlebe ich sie alle an einem Tag, selbst heute noch.

Sie müssen nicht immer stark sein! Was wäre denn eine Alternative zur Trauer? Nicht weinen, sondern weglaufen oder sich in Aktivitäten stürzen? Das mag für eine kurze Zeit funktionieren und durchaus als attraktive Lösung erscheinen. Die Trauer vorübergehend zur Seite schieben hilft auch, manche Situation im Alltag zu überstehen. Doch die Trauer ist schlau! Wird sie dauerhaft nicht beachtet, kehrt sie im neuen Gewand zurück, und das meist durch die Hintertür. Sie verkleidet sich als Migräne, Rückenschmerz, Panikattacken oder Depression. Trauer selbst ist keine Krankheit, aber nicht gelebte Trauer kann krank machen.

Meiner Trauer möchte ich ein Kompliment machen: Du bist sehr hartnäckig und ehrgeizig! Du hast mich in meinen Träumen besucht, hast mich schweißgebadet aufwachen lassen, mir unendliche Schmerzen verursacht, mich fast in den Wahnsinn getrieben ... Ja, du hättest mich beinahe in die Knie gezwungen. Je mehr ich dich loswerden wollte, umso stärker wurdest du! Doch dann habe ich meine Taktik geändert: Ich habe dir die Hand gereicht und dich um Frieden gebeten. Nach dem Motto: »Lass uns gemeinsam durchs Leben gehen!«

»Du stolperst nicht, weil ich hinter dir gehe«,

sagt die Vergangenheit.

»Du stolperst, weil du so oft zu mir zurückblickst.«

Unbekannt

ERINNERUNGEN BLEIBEN

»Die Erinnerung ist das einzige Paradies, aus welchem wir nicht vertrieben werden können«, sagte einmal Jean Paul. Wahre Worte, die der deutsche Schriftsteller da gewählt hat. Und doch tun Erinnerungen mitunter sehr, sehr weh. Denn manche Gedanken an früher erwärmen unser Herz. Aber andere machen es schwer. Ein geliebter Mensch hinterlässt seine Spuren. In unserer Persönlichkeit, unserer Seele, unserem Umgang mit anderen. Mir dieser Auswirkungen bewusst zu werden und dankbar für sie zu sein, hat mir geholfen.

In Erinnerungen schwelgen, sich an gute Zeiten erinnern, daran, wie es war, als »alles noch in Ordnung« war. Das nimmt sicher für einige Zeit einen großen Platz in Ihren Gedanken ein. Es ist wichtig und kann bei Ihrer Trauer hilfreich für Sie sein. Nach einiger Zeit aber werden

Sie Platz in Ihrem Herzen und Ihrem Leben für neue Begegnungen machen und auch das ist wichtig und gut so.

Das bedeutet ganz und gar nicht, dass Sie die Verstorbenen vergessen. Sie bekommen nur einen Platz in Ihrem Leben, wo sie sein können und Sie an sie denken können, ohne dass es Sie immer traurig macht. Ein solcher Platz ist an einer bestimmten Stelle Ihres Herzens oder in Ihrem Umgang mit Erinnerungsstücken: ob und wo Sie zum Beispiel ein Foto aufstellen und was Ihnen das Grab bedeutet. Auch hier können Sie eine Erinnerung an die Verstorbenen gestalten.

Ich hatte große Angst davor, meine Erinnerungen an Stephan zu verlieren. Wie klang seine Stimme, wenn er meinen Namen sagte? Wenn ich an einem Tag einmal nicht mehr genau wusste, was wir unternommen oder geredet hatten, machte sich Panik in mir breit. Ich hatte das Gefühl, wenn meine Erinnerungen verblassen, dann hätte ich meinen Mann gänzlich verloren. Waren die Erinnerungen doch alles, was mir blieb und was ihn in Gedanken lebendig hielt.

Heute kann ich sagen, dass ich alle Erinnerungen in meinem Herzen trage. Manche wurden mit der Zeit zwar ein wenig nebulös, weil mittlerweile eine längere Zeitspanne dazwischenliegt, aber vergessen habe ich keinen Moment. Wir schauen uns nun auch Videos an, in denen Stephan so lebendig und fröhlich ist, als wäre er immer noch da. Das wäre in den ersten Monaten undenkbar gewesen.

Erinnerungen können uns Kraft schenken. Sie können uns aber auch daran hindern, nach vorne zu schauen. Nämlich dann, wenn wir uns *nur* noch mit ihnen beschäftigen und nicht mehr im Hier und Jetzt leben. Diesen Punkt zu erkennen, ist sehr schwer. Vor allem braucht jeder Trauernde sein eigenes Tempo im Umgang mit Erinnerungen. Es geht darum, nicht allein in der Erinnerung zu leben, sondern sich an das frühere Leben zu erinnern und diese Erinnerungen gleichzeitig in das neue Leben zu integrieren.

In einem lateinamerikanischen Lied habe ich neulich folgenden Satz gehört: »Es gibt einen einzigen Grund, warum wir alle sterben: Wir wurden geboren!« Und ich finde, das sollten wir feiern. Ich wünsche jedem Trauernden, dass er irgendwann feiern kann, dass der verstorbene Partner in seinem Leben war, wenn vielleicht auch viel zu kurz.

Eine sehr persönliche Erinnerung galt es zu bewahren: Was sollte mit Stephans Ehering geschehen? Meine Idee war eine Schmuck-Reinkarnation, bei der sein Ehering mit meinem verbunden werden sollte. Meine schönsten Schmuckstücke wurden von einer Goldschmiedin in Neuseeland gestaltet, die wir auf einer unserer früheren Reisen kennengelernt hatten.

Ich erklärte ihr während meiner Neuseelandreise meinen Wunsch: Dass wir symbolisch für immer vereint sind! Sie fand die Idee super und schlug vor, Stephans Ring zu schmirgeln, damit er anders aussieht als zuvor und nicht einfallslos über den anderen gestülpt wirkt.

Das Ergebnis ist perfekt. Ich trage den Ring nahezu täglich, aber nicht ausschließlich. Mit dem Tod eines Partners endet die Ehe, damit wandelt sich auch die Bedeutung der Ringe. Der neue Ring versinnbildlicht, dass ich mit Stephan zwar verbunden bleibe, aber nicht mehr an ihn gebunden bin.

Die kleinen Dinge sind es,
die das Leben ausmachen.
Ein Lächeln, ein gutes Gespräch,
eine Umarmung.
Unbekannt

WIE SCHÖN, HIER ZU SEIN!

Mein Vater sagte immer zu mir: »Mehr als Glück und Zufriedenheit kannst du im Leben nicht erreichen.« Er war sicher das, was man heute »resilient« nennen würde, und hat sich an den kleinen Dingen des Lebens erfreut. Dabei war er optimistisch und strahlte immer eine gelassene Ruhe aus.

Glück findet man in seinem Inneren, heißt es oft. Dabei kann uns auch unsere Wohnumgebung glücklich machen: ein bunter Blumenstrauß, ein hübsch dekoriertes Wohnzimmer oder der Duft eines mit Liebe zubereiteten Essens. Ich glaube, dass wir Glück in *dem* finden können, was wir bereits haben.

Es macht mich glücklich, für andere zu sorgen. Morgens als Erste aufzustehen, damit die Jungs ein leckeres

Frühstück bekommen, wenn sie müde in den Tag starten. Einfach nur mit einer Freundin spazieren zu gehen. Da zu sein für andere ist sehr schön und gibt mir Kraft. Was mir aber schwerfällt, ist für mich selbst da zu sein, zu spüren, wann ich selbst Ermutigung oder Trost brauche. Für mich und meine Bedürfnisse scheine ich oftmals taub zu sein.

So ging es mir auch mit unserem Haus. Ich habe mich immer sehr gefreut, heimzukommen, doch ohne Stephan fühlte es sich fremd an. Ich wollte wieder *gerne* nach Hause kommen. Wenn ich vor dem Haus stand, sah ich oft in Gedanken den Rettungswagen und den Notarzt auf der Straße stehen. Kam ich ins Haus, erinnerte ich mich an das Chaos von Stephans letzten Minuten zu Hause. Ich beschloss daher, einiges im Haus anders zu gestalten.

Irgendwann stellte ich mit meiner Freundin sämtliche Möbel im Erdgeschoss um. In der gleichen Zeit brachte ihr Mann überall Lichtquellen im Garten an, denn wenn ich abends allein zu Hause war, gruselte mich die Dunkelheit des Gartens. Ich weiß nicht, warum da so war, aber ich fürchtete mich allein zu Hause. Das war natürlich irrational, denn ich wohne in einem Reihenmittelhaus. Ringsherum leben Nachbarn, die mir vertraut sind. Wir stellten überall Blumensträuße hin, dekorierten alles um. Den Vorgarten verwandelten wir mit jeder Menge neuer Pflanzen in eine kleine Oase mit nordischem Strandfeeling.

Ich war begeistert von dieser Verwandlung. Ohne großes Budget strahlte alles plötzlich voller Leben. Es war, als hätten sich lauter kleine Freudenmomente im Gesamtbild versteckt.

Überlegen Sie, was Sie fröhlich macht. Was inspiriert Sie? Was fühlen Sie, wenn Sie auf Ihre Haustür zugehen und wenn Sie Ihr Haus oder Ihre Wohnung betreten? Spüren Sie kein Gefühl der Fröhlichkeit bei Ihrer Rückkehr, dann erinnern Sie sich an das, was Ihnen im Urlaub einmal Spaß gemacht hat. Wie könnten Sie etwas davon in Ihr Zuhause und in Ihren neuen Alltag holen? Haben Sie zum Beispiel Gräser im Wind am Strand gesehen? Holen Sie sich Gräser vom Wegesrand, dekorieren Sie diese hübsch in einer Vase, legen ein paar Muscheln dazu, und fertig ist das Strandfeeling. Fragen Sie sich, wie Sie mit natürlichen Materialien kleine Wohlfühlakzente setzen können.

Vom Umstyling konnte ich übrigens nicht genug bekommen. Ich verwandelte unser Zuhause nach und nach in ein nordisches Strandhaus mitten in Hessen. Heute habe ich das Gefühl, in meiner »hygelligen« Wohlfühloase endlich angekommen zu sein, ein vor Leben sprühender Ort.

Wege entstehen dadurch,
dass man sie geht.
Franz Kafka

NEUE WEGE GEHEN

Zurück auf Los, nochmal neu anfangen, etwas wagen: Insgeheim wünschen wir uns das alle. Und dann bremsen uns der Alltag und die Bedenken aus. Schade eigentlich, oder?

Mache ich eigentlich noch das, was ich wirklich will? Seit Stephans Tod stelle ich mir die Frage immer mal wieder. Mir geht es dabei nicht darum, alles über den Haufen zu werfen und dann in Neuseeland ein neues Leben zu beginnen, wie einige Freunde von mir dachten. Verschwinden? Wie der 100-Jährige, der aus dem Fenster stieg? Nein, ich liebe meine beiden Jungs, meinen Beruf in der Bank und unser Leben in der Nähe von Frankfurt. *Jetzt* werde ich definitiv nicht auswandern. Aber manchmal denke ich dennoch, dass mir etwas fehlt.

In mir schlummerte schon lange die Idee, ein Buch zu schreiben und anderen mit meinen Erfahrungen ein wenig Licht und Zuversicht in ihrer Trauer zu geben. Ich würde auch gern Akkordeon spielen lernen, mehr Sport machen und viel öfter Zeit mit meinen Freunden verbringen. Aber leider geht es mir wie vielen anderen auch: Kleine Dinge zu verändern fällt mir leicht, aber große Herzensprojekte anzugehen, schiebe ich auf.

So ändert sich natürlich nichts und die Unzufriedenheit wächst. Das Gewohnte gibt uns innere und äußere Sicherheit und unserem Leben Stabilität, es ist bequem. Aber nach einem Trauerfall ist das Fundament unseres Lebens ohnehin aus den Fugen geraten.

Manchmal heißt mutig sein, alle anderen im Stich zu lassen, nur sich selbst nicht. Sonst bleiben wir stehen. Das Leben ist eine Reise; nur vergessen wir das hin und wieder. Und dann übersehen wir, wann die Zeit kommt, etwas Neues zu beginnen.

Dies betrifft auch das Thema Freundschaft. Geben uns wirklich jene Leute noch etwas, die uns vertraut sind, obwohl wir kaum noch Gemeinsamkeiten miteinander haben? Ich kann Ihnen nur raten, lassen Sie alle alten Beziehungen los, die Ihnen nur Energie rauben.

Einmal haben mich zwei Bekannte gefragt, ob ich nicht Lust hätte, mit ihnen zusammen essen zu gehen. Eine nette Idee, dachte ich, da ich sie länger nicht gesehen hatte, und freute mich sehr auf dieses Treffen. Doch im Laufe des Abends kam ich mir immer mehr wie das fünfte Rad am Wagen vor. Die beiden unterhielten sich nur darüber, wie schön es sei, nach so vielen Jahren vertraut mit ihren Partnern zu sein. Es ging um gemeinsame Urlaube mit anderen Paaren, die sie entweder bereits verbracht hatten oder planten. Zusammen hätte man ja so viel Spaß. Zunehmend fühlte ich mich wie eine Außenseiterin, die nicht mitreden konnte. Der Gipfel war, als ich eine der beiden fragte, wie es ihrem Mann ginge: Warum ich das wissen wolle, fragte sie zurück. Ich bin selten sprachlos, aber da war ich es. Eine Unverschämtheit – als ob ich ein anrüchiges Interesse an ihrem Mann gehabt hätte. Nur meiner guten Erziehung war es zu verdanken, dass ich nicht aufgestanden und gegangen bin.

Ich gönne jedem das Glück einer langen Partnerschaft und ich möchte auch nicht übermäßig sensibel behandelt werden. Aber ich beschloss, mich von Leuten fernzuhalten, die mir auf Dauer einfach nicht guttun und in deren Gegenwart ich mich nicht mehr wohlfühle. Das ist schwer, aber konsequent. Es schafft Platz für neue wunderbare Begegnungen, die mich wachsen lassen.

Treffen Sie sich lieber mit Menschen, die Ihnen guttun und Sie zum Lachen bringen. Dabei werden Sie manche Menschen weiterhin begleiten. Andere nicht. Seien Sie damit einverstanden. Das gehört zu Ihrem Neustart dazu.

Manchmal kam es mir so vor, als würde ich eine andere Sprache sprechen und die Brücken zu meinem alten Leben verlieren. Wenn wir einen schmerzlichen Verlust erleiden, unser Leben auf schreckliche Weise auseinanderfällt und uns das Herz bricht, dann sind wir oftmals ganz allein. »Entwicklung findet nicht in dem Moment statt, in dem uns das Herz bricht, sondern wenn es heilt! Denk dran, du bist jetzt auf einem ganz anderen Weg, auf einer Reise, die du völlig unerwartet und ungeplant angetreten hast«, schreibt Christina Rasmussen in ihrem wundervollen Buch »Lebe. Lache. Liebe.«. Nicht all unsere bisherigen Weggenossen können die neuen Wege, die wir gehen, verstehen.

Manche, die mein Leben bisher geteilt haben, sagen, dass ich mich verändert habe. Vielleicht sind sie enttäuscht, weil ich weniger Zeit für sie habe. Das ist oft aber gar nicht der Punkt. Es geht um fehlende Gemeinsamkeiten und es gibt offensichtlich keine gemeinsamen Erlebnisse mehr, die uns verbinden. Ich versuche nicht mehr, alte Verbindungen aufleben zu lassen, bei denen ich ein komisches Bauchgefühl habe. Ich lasse es einfach sein.

Die wichtigste Erkenntnis meines neuen Lebens besteht darin, dass wir viel mehr sind, als wir ahnen. Vielleicht nehmen wir das, was alles in uns steckt, in seiner Fülle oft gar nicht mehr richtig wahr. Letztlich geht es nur um eines: Finden Sie heraus, wer Sie sind und was Sie wirklich möchten – und dann leben Sie jeden Tag, als wäre es Ihr letzter.

Was ist Ihr Herzensprojekt? Soll alles in Ihrem Leben so bleiben, wie es ist? Träumen Sie davon, zu neuen Ufern aufzubrechen? Die Antwort auf die Frage, was zu uns passen würde, liegt in uns selbst und nirgendwo sonst.

Zu erkennen, was uns wichtig ist und guttut, und Entscheidungen zu treffen, die zu uns passen: Das kann uns tatsächlich insbesondere in stürmischen Zeiten gelingen, wenn ohnehin viel in Bewegung gerät. Die Kunst besteht darin, im Laufe des Lebens herauszufinden, wer man ist und was einen antreibt.

Ich stellte mir dazu vier Fragen:

~ Wie möchte ich ab jetzt leben?
~ Was hindert mich daran?
~ Wie schaffe ich es trotzdem?
~ Was tue ich dafür?

Indem wir uns jede dieser Fragen ehrlich beantworten, finden wir auch Hinweise auf mögliche Stellschrauben. Am Ende entscheidet jedoch die eigene Einstellung, wie gut es uns gelingt, jenes neue Leben zu führen, das wir uns wünschen. Manche Entscheidungen brauchen Zeit und manchmal ist es wie ein ziemlich heftiger Schubs heraus der *Komfort-Zone* – hinein die *Komm-Vor-Zone*.

Es gibt ein schönes Zitat von Martin Walser: »Dem Gehenden schiebt sich der Weg unter die Füße.« Ich habe mir zum Beispiel immer wieder eingeredet, noch nicht dafür bereit zu sein, tatsächlich ein Buch zu schreiben. Doch wenn wir ehrlich sind, wissen wir, dass der ideale Zeitpunkt nie kommen wird, wenn wir warten, bis wir für etwas bereit sind. Weil nämlich immer noch etwas fehlen wird, weil immer noch etwas (oder jemand) nicht gut genug sein wird.

Wenn ich jedoch beginne, bewusst Schritte auf mein Ziel, auf meinen Traum zuzugehen – dann schiebt sich der Weg wirklich unter die Füße. Neue Türen öffnen sich, die vorher gar nicht sichtbar waren.

Eine kleine Inspiration für Sie:

~ Welche Tür starren Sie schon so lange an und warten darauf, dass sie sich öffnet? Was, wenn Sie jetzt einfach selbst die Türklinke nach unten drücken?
~ Welche Träume hatten Sie als Kind? Was hat Ihnen so richtig viel Spaß gemacht, wovon konnten Sie nie genug bekommen? Bringen Sie wieder mehr von dieser Leichtigkeit und diesem Spaß in Ihr Leben.
~ Welche Träume haben Sie zu träumen aufgehört, weil sie unerreichbar scheinen? Was, wenn das gar nicht stimmt – und es nur darum geht, den ersten Schritt zu wagen?

Ich bin zutiefst davon überzeugt, dass wir früher oder später dahin kommen, wo wir gerne hinmöchten. Vorausgesetzt, wir sind wild entschlossen. Eine halbherzige Motivation dagegen bringt nicht viel. Wir haben alle die gleiche

Zeit zur Verfügung: Jeder Tag hat 24 Stunden. Eine Woche hat 168 Stunden. Wenn wir 40 Stunden arbeiten und 8 Stunden pro Tag schlafen, bleiben uns ganze 72 Stunden pro Woche für andere Dinge. Zum Beispiel für die, die uns wirklich glücklich machen. Wenn also jemand behauptet, für irgendwas keine Zeit zu haben, bedeutet das im Grunde, dass er dieser Sache einfach keine Priorität einräumt.

Kleine Momente haben eine große Bedeutung. Wir können sie zu Momenten der Freude machen.

Wenn etwas zerbricht,
scheint es für uns verloren,
aber das stimmt nicht.
Alle Einzelteile sind noch da,
nur nicht mehr in derselben Form.
Sie warten darauf,
neu zusammengesetzt zu werden.

Unbekannt

DEIN LEBEN. DEINE SPIELREGELN.

»Eigentlich bin ich ganz anders, nur komme ich so selten dazu.« Dieser Satz, der wahlweise dem Dichter Ödön von Horváth oder Udo Lindenberg zugeordnet wird, passte phasenweise gut zu mir.

Nach Stephans Tod fühlte ich mich oft fremd in meinem eigenen Lebensfilm. Ich kam mir vor wie eine schlecht gepflegte Zimmerpflanze, die zwar nicht eingeht, aber auch nicht gedeiht und blüht. Heute weiß ich: Ich habe in dieser Zeit einfach nur funktioniert, mich um die Dinge gekümmert, die mir vernünftig erschienen. Ich hatte Routinen für meinen Alltag entwickelt, in denen ich feststeckte.

Doch ich wollte mein Leben wieder zurück und mich dabei auf meine Begeisterungsfähigkeit und meine Neugier verlassen.

Es gibt aber einfach Lebensphasen, in denen man in seiner Komfortzone verbleibt, weil man das Gefühl hat, dass sonst alles auseinanderbricht. In solchen Krisen bleibt man oft verzweifelt dort stehen, wo man ist, und hofft, dass der Schmerz oder das Gefühl der Lähmung bald vorbeigehen. Das Aufblühen und Über-sich-Hinauswachsen scheinen ganz weit weg. Doch auch in solchen Zeiten gibt es Möglichkeiten, zu wachsen:

Meine Schwägerin Christiane ist Yogalehrerin und erzählte mir von der japanischen Technik des »Kintsugis«. Dies ist eine meditative Technik, zerbrochene Keramik, zum Beispiel Teeschalen, mit einem Goldstaub und Kleber so zusammenzubringen, dass ein neues Gefäß entsteht. Dieses ist zwar nicht dasselbe wie vorher, aber anders schön.

Was für eine treffende Analogie zum Neustart nach einem großen Verlust! Man bewahrt das Zerbrochene und macht etwas Neues, anders Schönes daraus. Die zerbrochenen Scherben sind eine Parallele zur Akzeptanz der Situation. Das Reinigen der Klebestellen braucht die Geduld, die auch für den Heilungsprozess nötig ist. Das lässt Leben wieder neu entstehen, in dem Vertrauen, dass es sich fügen wird, wenn wir behutsam und achtsam alle Arbeitsschritte durchführen.

Letztlich weist es auf einen ganz grundsätzlichen Punkt hin: Über sich hinauszuwachsen ist etwas, das wir nicht zu hundert Prozent selbst in der Hand haben oder forcieren können. Wir können Vorbereitungen treffen, achtsam sein, Stärken entdecken, Leidenschaften und Kreativität zurück ins Leben holen, eigensinnig bleiben. Doch die Veränderungen, das Neue, all das, was sich daraus ergibt, zeigen sich erst nach und nach. Es reicht, immer weiter kleine Schritte zu gehen, die sich natürlich anfühlen. Wie beim Aufblühen einer Blume: Haben wir sie erst mal gesät und gegossen, passiert es von selbst.

Denken Sie daran: Alice musste auf dem Weg ins Wunderland erst in ein tiefes, dunkles Loch fallen. Wer solche Brüche im Leben mit dem Kintsugi-Gedanken angeht, der lernt, dass auch aus Zerbrochenem wieder Neues und Schönes entstehen kann. Man muss die Scherben nur richtig zusammenfügen. Narben und Risse bleiben zwar ein Leben lang, aber sie machen aus diesem Leben auch ein ganz individuelles Kunstwerk.

Ich habe es so empfunden, dass Trauer sich anfühlt, als zerspringe man in Einzelteile. Alles liegt in Scherben, nichts passt zusammen, nichts ergibt mehr Sinn. Wie kann das Leben noch funktionieren, wenn es so auseinandergebrochen ist? Es kann nie wieder so werden, wie es war. Aber es darf *anders* schön werden! Niemand ist kaputt, weil er trauert.

Egal welchen neuen Weg wir beschreiten, bei einer

Kursänderung werden wir immer mit Unsicherheiten und inneren Kämpfen konfrontiert. Es geht darum, sich klarzumachen, dass jede Veränderung auch das Potenzial für einen Neubeginn hat.

Seien Sie bereit, Nachteile hinzunehmen, und setzen Sie sich für Ihr Herzensprojekt ein, was immer es ist. Indem Sie sich bewusster mit Ihren Wünschen beschäftigen, setzen Sie schon etwas in sich in Bewegung. Plötzlich entstehen mehr Möglichkeiten und Sie können Schritt für Schritt weitergehen.

Mark Twain sagte: »In zwanzig Jahren wirst du mehr enttäuscht sein über das, was du nicht getan hast. Also lichte den Anker und segle fort aus dem sicheren Hafen. Fange den Wind in den Segeln! Erforsche, träume, entdecke!«

Tun Sie einfach, was für Sie richtig ist. Es ist Ihr Leben. Und es sind Ihre Spielregeln.

Alles wird gut.
Nur eben nicht mehr,
wie es einmal war.
Unbekannt

WERDE ICH MICH JEMALS WIEDER VERLIEBEN KÖNNEN?

Ein Thema, das sich nach dem Tod eines Partners geradezu aufdrängt, ist die Frage nach einer neuen Partnerschaft. Wir stellen sie uns selbst oder werden neugierig danach gefragt. Wann ist es okay? Ist es überhaupt okay? Wollen wir das eigentlich?

Meine tiefe Überzeugung ist: Na klar, wir können uns nochmal verlieben, nachdem unsere große Liebe von uns gegangen ist! Man tut oftmals so, als hätte jeder nur ein begrenztes Maß an Liebe im Leben zur Verfügung, fast wie ein Reservekanister im Auto. Doch die Liebe ist unendlich und nicht limitiert. Die neue Liebe wird vielleicht anders sein, aber anders gut. Ich habe gelernt, dass sich im Leben oft eine neue Tür öffnet, wenn sich eine alte schließt. Das kann Monate oder auch Jahre dauern. Aber wir können damit rechnen, dass es geschieht, wenn wir dafür bereit sind.

Die schwierigsten Vorhaben nach dem Tod meines Mannes haben mit dem Thema Männer und Liebe zu tun. Es erschien mir in den ersten beiden Jahren fast ein Ding der Unmöglichkeit, auch nur eine Verabredung zu treffen, geschweige denn, jemandem zu begegnen, der mir eines Tages so viel bedeuten könnte wie Stephan. Meine Beziehung zu ihm ist unersetzlich. So gesehen, bleibe ich immer seine Witwe, denn jeder Mensch ist einzigartig und jede Beziehung ist einzigartig. So kann es also eine erste, eine zweite oder dritte große Liebe geben, wobei die eine der anderen nichts wegnimmt.

Bisher hatte ich ein paar Dates, die aber über gemeinsame Spaziergänge oder ein Abendessen nicht hinausgegangen sind. Ich kenne auch Menschen, die recht schnell einen neuen Partner gefunden haben. Die sich Raum geben können füreinander und für ihre Gefühle. So etwas ist sicher möglich, wird vom Umfeld aber oftmals eher missgünstig beäugt, viele finden es dann »zu früh«.

Ich sehe das anders. Wenn es geschieht, geschieht es, solange man sich für die neue Gemeinsamkeit nicht verbiegen muss. In jedem Fall ist das Leben aber zu kurz, um es nur anderen recht machen zu wollen. Ein großer Verlust macht sehr schmerzlich deutlich, dass wir nur das *Jetzt* haben. Wir sollten etwas Schönes aus dem Rest unseres

Lebens machen und dazu gehört auch eine neue Zweisamkeit. Mit einem Partner an der Seite ist es leichter, sich weiterzuentwickeln.

Doch wie kann es uns gelingen, eine neue Liebe zu finden? In kleinen Schritten. Sich nicht überfordern und froh sein über jeden Tag, den man mit seinem verstorbenen Partner hatte. Kleine Schritte heißt aber auch, nach einer gewissen Zeit der Trauer dankbar zu sein für das, was wir bislang schon bewältigt haben.

Als ich das letzte Mal auf Partnersuche war, gab es noch kein Internet. Heute »datet« man Kandidaten online in Portalen. Fünf Stunden ist ein Durchschnittssingle wöchentlich in Online-Partnerbörsen unterwegs, habe ich gelesen. Über dieses neue Abenteuerland wollte ich etwas herausfinden. *Never try, never know.*

Sich in Portalen selbst anzupreisen, kostet Überwindung. Ich finde diese Art der Kontaktaufnahme seltsam und habe es probiert, aber es ist nicht mein Ding. Überzeugungsarbeit in eigener Sache zu leisten, liegt mir nicht.

Grundsätzlich finde ich reale Begegnungen aufregender. Meine erste Ehe war wunderbar. Meine zweite Partnerschaft wird es sicher auch werden. Sollte es eine Fortsetzung meines Buches geben, werde ich Sie darüber auf dem Laufenden halten. Vom Titel meines neuen Buches, »based on a true story«, träume ich schon jetzt. Wie wäre es mit »Witwe reloaded« oder besser gleich »Wonder

widow«?! Vielleicht sollte ich darin das Image der Witwen-
schaft etwas aufpolieren. Es wäre doch zu schön, wenn die
Witwe nicht mehr nur nach Bolte klingen würde, sondern
nach einer Frau mit Humor, die trauert, aber das Leben
liebt, und um die sich die Männer prügeln.

Aber leider ist es ab einem gewissen Alter nicht mehr
einfach, »zufällig« jemanden kennenzulernen, der auch
auf der Suche ist. Der Familienstatus steht schließlich niemandem auf die Stirn geschrieben. Insofern sind Online-
Dating-Portale sicher eine zeitgemäße und extrem popu-
läre Form des Kennenlernens. Das Internet hat unseren
Alltag in den letzten Jahren ohnehin völlig umgekrempelt,
und damit wohl auch die Art und Weise, wie Liebes-
beziehungen entstehen. Die Chance, im Internet einen
Partner zu finden, wird nicht zuletzt deshalb von vielen
deutlich höher eingeschätzt als beim Ausgehen oder am
Arbeitsplatz. Also, nur Mut!

Eine Dating-Börse ist wie ein Maskenball. Unsere wah-
ren Gesichter sind verborgen. Wir bewegen uns in einem
begrenzten Raum, in dem wir uns leichter kennenlernen
können. Hier wie dort lassen sich die Masken gut als Anlass
zum Flirten nutzen. Und auch beim Online-Dating spielen
der Zufall und das Schicksal eine Rolle: Man meldet sich
bei einem Portal an, ohne zu wissen, wen man wann und
unter welchen Umständen treffen wird. Wie bei einem
Fest herrscht die kollektive Hoffnung: allein ankommen,
aber als Paar wieder heimkehren, nachdem man seinem

Märchenprinzen oder der Königin der Nacht begegnet ist. In der Realität gilt es zunächst, im großen Angebot nicht den Überblick zu verlieren. Denn schon beim nächsten Klick könnte ein besserer Jackpot winken.

Ich denke, die Liebe lässt sich nicht planen. Auch dabei gibt es kein »Richtig« oder »Falsch«, keinen Weg, der für alle gut ist. Zwei Menschen, die zueinanderfinden und die Liebe miteinander leben wollen, das lässt sich nicht so einfach herstellen. Es braucht Mut, sich nach einem schmerzhaften Verlust auf etwas Neues einzulassen. Am Anfang fühlt es sich vielleicht fast wie ein Betrügen an. Schließlich haben wir mit unserem verstorbenen Partner nie freiwillig Schluss gemacht, sondern die Beziehung wurde durch den Tod beendet. Daher hatte unsere gemeinsame Zeit ihre Grenzen und nun ist es eine ganz andere. Einfach so. Weil das Leben weiterfließt.

Auch wenn ich dich nie wiedersehen werde,

weil deine Reise auf dieser Erde zu Ende ist,

weiß ich, dass alles gemeinsam Erlebte

und all die wundervollen Erinnerungen

nie verloren gehen werden.

Weil ich sie in meinem Herzen trage.

Unbekannt

DANKBARKEIT

Die Trauer raubte mir die Leichtigkeit des Lebens. Lange hatte ich ganz vergessen, dass es auch leicht sein kann. Es zu genießen, wenn aus heiterem Himmel etwas Schönes passiert. Das Gefühl zu haben, zur rechten Zeit am rechten Ort zu sein. Mit den Kindern einfach mal laut zu lachen.

Erinnern Sie sich an eine Zeit in Ihrem Leben, als alles einfach schien? Ich wollte dahin zurück und habe beschlossen, der Trauer die Stirn zu bieten, indem ich dankbar bin für das, was geblieben ist. Indem ich mir am Ende eines jeden Tages drei Dinge aufzähle, für die ich dankbar bin.

Unser Gehirn ist in der Lage, zu regenerieren und neue

Verbindungen herzustellen. Solange Sie Ihrem Gehirn keinen Grund geben, an erfreuliche Dinge zu denken, läuft es gerne auf Autopilot. Erst wenn wir lernen, in uns hineinzuhören, werden wir in der Lage sein, diese Standardeinstellung unseres Gehirns zu verändern. Ein Weg dahin ist das bewusste Kultivieren von Dankbarkeit.

Anstatt sich mit einem Verlust abzufinden, ist es besser, sich dafür zu entscheiden, positiv zu denken. Dabei ist es egal, was uns zugestoßen ist. Es ist unser Recht, uns lebendig zu fühlen. Denn wir sind auf die Welt gekommen, um zu leben, zu lieben, zu lachen und zu träumen.

Irgendwann habe ich vom »6-Minuten-Tagebuch« von Dominik Spenst gelesen: Nach einem schweren Unfall verbrachte er vier Monate im Krankenhaus und entwickelte aus dieser Erfahrung heraus sein »6-Minuten-Tagebuch«. Er schrieb jeden Morgen und jeden Abend jeweils drei Minuten all die kleinen schönen Dinge des Alltags hinein, um sie noch bewusster wahrzunehmen, denn er war zu der Erkenntnis gekommen, dass es wider Erwarten nicht die großen, sondern die kleinen Dinge sind, die unser Leben nachhaltig verändern.

Wenn Sie die kleinen Dinge in Ihrem Leben neu wertschätzen lernen, wird sich auch Ihr Blick auf sich und die Welt verändern. Durch den täglichen Fokus auf das, was Sie bereits im Leben haben und was Ihnen geblieben ist, fühlen Sie sich langfristig glücklicher und zufriedener und können bewusster im Hier und Jetzt leben.

Ich nehme mir täglich Zeit, die kleinen Glücksmomente in meinem Leben aufzuschreiben. Dieses Ritual ist kein Allheilmittel, aber bei mir hat es einen Neustart angekurbelt. Es geht darum, die ständigen Gedanken an den Verlust des Partners durch Gedanken an das Leben zu ersetzen. Das Ritual, dass ich mich immer wieder der Dankbarkeit und dem kleinen Glück des Tages widme, befreite mich vom ständigen Kreisen um den Verlust und ermöglichte mir letztlich, mich wieder dem Leben zuzuwenden.

Wer tiefe Trauer erlebt hat, neigt dazu, sich gedanklich ganz und gar am Verlust festzuhalten, und begründet eine Zeit lang all sein Unglücklichsein mit den Auswirkungen dieses Verlustes. Es ist tatsächlich leicht, unsere Trauer über den Verlust eines geliebten Menschen mit dem Trübsinn über unsere aktuelle Lebenssituation zu verwechseln. Leider wirft ein solcher Verlust aufgrund seines Ausmaßes einen derartigen Schatten auf die Wirklichkeit, dass wir die vielen *anderen* Gründe, aus denen wir unglücklich sind, häufig gar nicht sehen können. Tief im Inneren kennen wir unsere Fähigkeiten, unser unglaubliches Durchhalte- und Entfaltungsvermögen längst. Dennoch tun wir oft so, als wüssten wir nicht, was uns glücklich macht und was wir brauchen.

Ich merke, dass es mir guttut, im Alltag kurz innezuhalten, anstatt durch den Tag zu rauschen und später zu überlegen: Was habe ich eigentlich gemacht und was habe ich dabei empfunden? Das unterstützt mich auch dabei, die Übersicht in meinem neuen Leben zu behalten. In meinem Kopf herrscht oft Chaos – jede Menge To-do-Listen schwirren umher. Das Dankbarkeitsbuch hilft mir dann, einen Überblick zu bekommen und Dinge, die mir wirklich wichtig sind, anzugehen.

Stephan ist mir genommen worden, aber ich schätze mich glücklich, viele Jahre mit ihm verbracht zu haben. Heute bin ich auch den vielen Tränen dankbar, die ich um ihn geweint habe und oft noch weine. Sie zeigen mir, dass ich den richtigen Mann geheiratet habe. Auch dafür kann man doch dankbar sein!

Schließen Sie Frieden mit Ihrer Vergangenheit und akzeptieren Sie, was Sie nicht ändern können. Legen Sie den Fokus auf das, was Sie haben, und Sie werden sehen: Sie sind reich!

Eines Abends lief ich allein durch unseren Ort. Hinter vielen Fenstern brannte Licht. Menschen waren in ihren Häusern. Einige kamen mir entgegen. Aber nicht einer von ihnen war Stephan. Mit jedem Schritt machte ich mir bewusst, welche guten Dinge es trotz dieses Verlustes in meinem Leben gibt: Meine beiden wundervollen Söhne. Meine Familie, meine Freunde, meine Arbeit, mein gemütliches Zuhause. Meine Gesundheit, die vielen Bücher in meinen Regalen. Dutzende Dinge fielen mir ein, je länger ich darüber nachdachte. Als ich nach Hause kam, war mir leichter ums Herz. Dieses Bewusstsein ist ein gutes Mittel gegen die Machtlosigkeit, die wir in Zeiten der Trauer empfinden.

Ich hoffe, dass ich irgendwann sagen kann: Es war alles gut, so wie es war. Nach Möglichkeit möchte ich keinen verpassten Chancen nachtrauern. Diese Momente wird es zwar immer geben, aber ich versuche, sie zu verhindern. Das ist eine der wichtigsten Erkenntnisse, die ich durch Stephans viel zu frühen Tod gewonnen habe.

Erst vor Kurzem musste ich feststellen, wie falsch es ist, Dinge auf ein nächstes Mal zu verschieben: Meine Tante hatte mir einen sehr schönen Brief geschrieben. Zu der Zeit war ich mit einem Umbau beschäftigt und dachte mir, du antwortest ihr in ein paar Wochen, sobald es ruhiger ist. Leider verstarb meine Tante kurz darauf und so konnte ich ihr nie mehr schreiben, wie sehr mich ihre Zeilen berührt haben.

Wir wissen einfach nicht, was morgen passiert! Wie oft sagen wir, heute passt es mir nicht, wir sehen uns nächste Woche. Nein, vielleicht sehen wir uns nie mehr! Dieser eine Tag, den wir heute erleben, den gibt es nicht noch ein weiteres Mal. Jeder Tag ist ein Unikat. Das ist eine schlichte, aber große Wahrheit. Jeder geht ganz selbstverständlich davon aus, dass er am nächsten Morgen wieder aufwacht und die alltägliche Routine von vorne beginnt. So ist es aber nicht immer. Am Ende zählt jeder Tag. Niemand weiß, wie lang uns die Menschen, die wir lieben, erhalten bleiben.

Und am Schluss bereuen wir dann: »Ach, hätten wir doch noch darüber gesprochen ...«

Deshalb bin ich eines Tages zu meiner Mutter gefahren. Wir haben uns an einem furchtbar verregneten Tag Fotos von früher angeschaut. Dabei haben wir uns bestens amüsiert und hatten einen tollen Tag. Seit Ewigkeiten hatten wir die Bilder aus der Schublade nicht mehr zusammen angeschaut. Viele der Fotos hatte ich schon nicht mehr in Erinnerung. Beim Abschied habe ich sie fest umarmt und ihr gesagt, wie froh ich bin, dass ich sie habe.

Wenn meine Jungs aus dem Haus gehen, bemühe ich mich immer, diesen Abschied wirklich wahrzunehmen. Haben sie nur »Tschüss Mama, bis nachher!« gerufen und sind raus oder haben wir uns dabei auch in die Augen gesehen?

Letztlich schätze ich deshalb Momente mit Menschen um mich herum, in deren Nähe ich mich wohlfühle, umso mehr. Denn das sind am Ende die Momente, die das Leben ausmachen.

Denn etwas Neues
ist in uns erwacht
und wird für immer bleiben ...
Unbekannt

DAS LEBEN GEHÖRT DEN LEBENDEN

»Dein Weg wird ein neuer zwar, aber sicher auch ein guter werden. Denk dran, das Leben gehört den Lebenden!«, schrieb mir meine Freundin zum ersten Weihnachtsfest ohne Stephan. Das stimmt! Aber die Trauer muss sein, obwohl sie schwer auszuhalten ist.

Ich vergleiche die Trauer gerne mit einer Herz-OP ohne Narkose. Irgendwie gefangen zwischen Leben und Tod. Unklar, ob man es überlebt. Die Wunde heilt schwer. Jede Berührung reißt sie wieder auf. Keine Kraft für den nächsten Tag. Alles neu lernen. Alles neu leben. Eine Narbe. Im Alltag ist sie unsichtbar. Aber jede Berührung tut weh. Manchmal vergisst man sie. Irgendwann juckt sie nur noch an bestimmten Tagen. Schockt immer wieder unbeteiligte Beobachter. Erzählt vom Leben nach dem Tod.

Ihnen allen, die das Liebste verloren haben, möchte ich sagen, dass nichts reicht. Weder dieses Buch, keine Worte, nichts kann Ihren Verlust und das, was Sie gerade erleben, wiedergutmachen.

Für Ihre Zukunft wünsche ich Ihnen, dass Sie Folgendes verinnerlichen: Leben ist ein einmaliges Angebot! Unser Leben bekommen wir nur geliehen. Irgendwann müssen wir es wieder abgeben. Also nutzen Sie die Zeit, die Ihnen geschenkt ist, weise und klug.

Sie sind nicht auf dieser Welt, um es anderen recht zu machen, sondern um aus Ihrer verbleibenden Zeit das Allerbeste für sich rauszuholen! Dabei wünsche ich Ihnen viele liebe Menschen um sich, die Ihnen zur Seite stehen. Ich wünsche Ihnen, dass Sie sich Schritt für Schritt neu definieren und dabei Bewährtes erhalten können. Trauern dürfen, ohne zu verzweifeln. Nachdenklich sein und doch auch wieder Zuversicht empfinden. Das alles wünsche ich Ihnen von ganzem Herzen.

All denjenigen, die Trauernden beistehen möchten, wünsche ich, dass sie bereit sind, auch einmal *keine* Antworten zu haben. Nur zuzuhören. Da zu sein. Einfach ein liebevoller Freund zu sein. Denn nur die Liebe ist das, was bleibt.

Ich hoffe, dass ich mit meiner Geschichte Orientierung und ein wenig Licht im Dunkeln geben konnte. Es ist eine Geschichte, von der ich wünschte, sie niemals erzählt haben zu müssen. Aber es ist *meine* Geschichte.

Stephans Tod hat vieles in mir verändert. Ich habe verstanden, was wirklich wichtig ist und wofür ich dankbar bin: meine beiden Jungs, meine Familie, meine engsten Freunde und unsere Gesundheit!

Früher war ich ziemlich hart zu mir selbst, wollte immer perfekt und schnell sein. Habe mich viel gefordert. Der Verlust war am Ende wie ein Weckruf, ein Prozess, der vieles in mir in Bewegung gesetzt hat. Eine Befreiung aus alten Gewohnheiten und scheinbaren Sicherheiten.

Trauer ist Schwerstarbeit für die Seele. Mein Körper braucht heute mehr Ruhe und mein Herz mehr Muße als früher. Daran musste ich mich erst gewöhnen und gleichzeitig ist da etwas, worüber ich mich freue: Ich kann jetzt mehr Energie in Beziehungen geben. Und ich möchte mir mehr Vergnügen und Leichtigkeit gönnen. Mein Herz ist durch die vielen Risse, die ich sorgsam gekittet habe, weiter und größer geworden. Alle Tage, auch die schlechten, erlebe ich inzwischen als kostbare Wunder.

Trotz der Trauer über meinen Verlust oder vielleicht gerade ihretwegen weiß ich heute das alltägliche Glück zu schätzen. Es ist erstaunlich, wie viele Lichtblicke sich bieten, auch wenn die Dunkelheit über uns hereinbricht.

Mein neues Leben ist aus meiner Verlusterfahrung geboren. Als mir das Herz brach, veränderte sich jede Zelle in meinem Körper. Ohne meine Trauerzeit wäre der Fluss des Lebens nie auf diese Weise durch mich hindurchgeflossen. Und ich wäre nicht dort, wo ich jetzt bin.

So versuche ich, das Schöne, das mir das Leben heute zuspielt, zu entdecken und anzunehmen. Es ist wieder schön, aber ganz, ganz anders. Vielleicht weil sich mein Blick auf das Leben und den Tod verändert hat. Weil ich spüre, dass die Liebe zu Stephan lebendig geblieben ist.

Es braucht die bewusste Entscheidung, hierzubleiben, nicht wegzugehen und die eigene Lebenszeit, die noch verbleibt, als Lebensauftrag zu begreifen.

»Ich gehe nicht weg – Hab meine Frist verlängert – Neue Zeitreise – Offene Welt – Habe dich sicher – In meiner Seele – Ich trag dich bei mir – Bis der Vorhang fällt.« (aus: »Der Weg« von Herbert Grönemeyer)

Danke, Stephan. Unsere Wege haben sich getrennt, aber Du wirst immer ein Teil von mir bleiben.

EPILOG

Eine Flaschenpost, die ich an unserem Silberhochzeitstag an »unserem« Strand in Spieka-Neufeld ins Meer geworfen habe:

2 Jahre ohne Dich ...

Mein Liebster,

manchmal frage ich mich, wie unfair das Leben ist und wie unfair gerade Dein Leben verlief. Aber wem erzähle ich das schon. Keiner weiß das so gut wie Du.

Wenn es in der Tragödie, Dich verloren zu haben, einen Trost gibt, dann liegt er darin, dass es so vielleicht besser war. Ich hoffe, dass Du auf uns herabschaust und siehst, wie sehr Du von uns geliebt wirst und wie oft wir von Dir erzählen, lachen – so, als wärst Du in unserer Mitte.

Früher waren da einfach nur Jahre, die vergingen. Jetzt gibt es ein *Davor* und ein *Danach*. Früher hatte ich einen Platz im Leben, und zwar bei Dir. Nun ist die Tür zu Dir zurück fest verschlossen.

Es ist vor allem der Gedanke »Ich werde Dich nie wieder in meinen Armen halten«, der mich immer wieder verzweifeln lässt. Du bist einfach gegangen und wir leben weiter.

Es ist so viel passiert, seitdem Du uns so plötzlich verlassen hast: Konfirmation, Schulabschluss, Ausbildungsende, Studienbeginn. Auch unsere Silberhochzeit, wir wollten doch eine so tolle Reise machen. Aber die hätte wegen Corona eh nicht stattfinden können.

Stell Dir vor, die Eintracht hat den DFB-Pokal gewonnen und ich war für Dich mit den Jungs mitten im Siegestrubel in Frankfurt.

Du fehlst einfach bei allem. Auch bei Alltäglichkeiten fehlst Du mir, besonders beim Aufpassen, dass ich nicht zu viel Geld verplempere. Das hat mich früher so genervt, jetzt fehlt es mir. Gott sei Dank hat Hendrik dieses Gen von Dir geerbt und zügelt mich, wenn ich mal wieder ein paar Schuhe mehr kaufen will.

Das Nachrichtenschauen ist fade geworden. Deine bissigen und pointierten Kommentare fehlen.

Am meisten fehlst Du mir als vertrauter Partner, bei dem ich mich anlehnen und einfach ich selbst sein kann.

Der Apfelbaum, den Du in unserem Garten gepflanzt hast, blüht wieder jedes Frühjahr. So als wäre nichts geschehen.

Manchmal wünsche ich mir so sehr, dass Du einfach mal kurz auf einen Besuch nach Hause kommst. Damit wir Dir zeigen können, wie sehr wir *unser* Zuhause verändert haben.

Du würdest sicher erst mal meckern, was das alles gekostet hat. Aber diese Entscheidungen treffe ich ja jetzt selbst ;-)

Ach, Stephan, ich bin so dankbar für jeden einzelnen Tag, den ich mit Dir an meiner Seite hatte. Wir schauen immer nur nach vorne. Behalten Dich ganz fest in unseren Herzen, bis wir uns wiedersehen. Bis dahin bleiben wir in Verbindung. Wir lassen unsere gemeinsamen Pläne frei. Wir spüren die Umarmung der Vergangenheit, wenn wir uns in eine neue Zukunft trauen.

Ciao, mein Engel! Möge Deine Reise weitergehen!

Deine Silke

PS: Dieser Auszug aus einem Buch von Reinhild Traitler »In den Gärten der Freiheit« wurde an Deiner Trauerfeier vorgetragen. Ich schicke ihn Dir in der Hoffnung auf ein Wiedersehen bei einem guten Glas Rotwein.

Es gibt noch einige Flaschen von unserem guten Burgunder, den wir immer für besondere Tage geschont haben – wie konnten wir nur ... Wir hätten ihn einfach mal abends auf der Terrasse trinken sollen!

Manchmal zerreißt eine Sehne mitten im Sprung.
Die Kraft, die uns getragen hat, lässt uns fallen
und wir wissen nicht, warum.

Manchmal versagt unsere Stimme mitten im Lied,
noch schwingt die Ahnung von einem Ton in unserem Herzen,
zitternd, weil sich die Vollendung verweigert
und wir wissen nicht, warum.

Manchmal machen wir das Bett wie jeden Tag, ehe ein
Windstoß durch das Zimmer fegt,
die Wärme der letzten Nacht ist weniger als eine Erinnerung
und wir wissen nicht, warum.

Manchmal gehen die Lichter aus mitten im Fest.
Noch ist der Wein in den Krügen nicht geleert.
Aus der Umarmung der Liebe taumeln wir ins Dunkel
und wir wissen nicht, warum.

Manchmal ist es, als ob die große Hand einhält in der
Bewegung,
wir sitzen erstarrt in der Mitte der Zeit.
Kein Wort des Trostes trägt in der Einsamkeit
und wir wissen nicht, warum.

Wir wissen nicht, was sich verwandelt aus einer Kraft in
die andere.

Klingt jenseits des Liedes ein anderes Lied?
Singen die Sphären das Abgebrochene weiter? Ohne Bruch?

Werden wir noch einmal das Brot brechen und den Wein
der Liebe trinken,
vertraut im milden Licht des Abends?

Werden wir uns die Tränen von den Wangen küssen und
das Fest feiern,
gekleidet in das lichte Kleid deiner neuen Welt?

Wir wissen es nicht.
Wir wissen es nicht.

Du weißt es!

DANK

Dieses Buch zu schreiben, war für mich ein riesiger Herzens-wunsch, den ich nicht länger ignorieren wollte. Ich bin sehr dankbar für all die Menschen, die mich dabei unterstützt haben und mich durch das Tal der Tränen begleiten und mich immer wieder an das Licht in mir erinnern.

Danke an meine gesamte Familie, dass wir diesen un-glaublichen Zusammenhalt haben, der mir immer wieder Kraft gibt, und dass wir einander in Liebe wachsen lassen.

Danke an meine wundervollen Freundinnen und Freunde, die sowohl in den schwersten Stunden meines Lebens als auch heute noch fest an meiner Seite stehen. Danke Euch allen, die Ihr immer noch und auch neu oder wieder hier seid in meinem neuen Leben.

Es gibt keine Worte für den Dank an meine Nachbarn Annett und Jürgen. Ihr gehört nun einfach mit zur Familie!

Ein ganz besonderer Dank gilt meiner Nichte Lisa. Mein Engel – wie wäre ich ohne Dich durch die dunkelsten mei-ner Stunden gegangen? Welche Last hast Du auf Dich ge-nommen, nicht von meiner Seite zu weichen!

Was immer kommen mag, auch ich bin für Euch da.

Mama, Du bist so wertvoll in meinem Leben. Es ist ein Geschenk des Himmels, Dich Mama nennen zu dürfen. Du hast immer an mich geglaubt und mich ermutigt, dieses Buch zu vollenden. In so vielen Bereichen hast Du mich geprägt. Von Dir habe ich vor allem gelernt, dass man sich selbst nie aufgeben darf. Auch wenn man vom Leben saure Zitronen bekommt.

Niklas und Hendrik, Ihr bedeutet alles für mich und ich bin so wahnsinnig stolz auf Euch! Eurem jungen Leben wurde so viel abverlangt. Euer Papa lebt in Euch weiter! Eines Tages werden wir ihn wiedersehen. Bis dahin genießen wir jeden Tag und leben unser Leben, denn das Leben gehört ja den Lebenden.

Ich drücke Euch alle

Eure Silke

ANHANG

Zum Weiterlesen ...
... wenn Sie mehr von den Büchern, auf die ich ein-
gegangen bin, lesen möchten.

Christina Rasmussen: Lebe lache liebe. Knaur-Verlag ISBN
978-3-426-65743-0

Dr. Sebastian Remmers, Wie der Verlust des Ehepartners
bewältigt wird: Ein Längsschnittstudie zur Erfassung
des Trauerverlaufs innerhalb des ersten Jahres nach dem
Todesereignis. Cuvillier Verlag ISBN 978-3-869-55077-0

Dominik Spenst, Das 6-Minuten-Tagebuch. Rowohlt
Taschenbuch Verlag ISBN 978-3-499-63387-4

Brenda Kinsel, Neues aus der Umkleidekabine – richtig shoppen, super aussehen. Piper Verlag ISBN 978-3-492-24387-2

Reinhild Traitler, In den Gärten der Freiheit. Piper Verlag
ISBN 978-3-858-42183-8

Zum Reden ...

... einen professionellen Gesprächspartner finden

Wenn Sie das Gefühl haben, Ihre Trauer dauerhaft nicht alleine bewältigen zu können, kann ein psychotherapeutisches Gespräch hilfreich sein. Die meisten Psychotherapeuten haben derzeit lange Wartezeiten. Dennoch sollten Sie sich davon nicht entmutigen lassen und zumindest einen Termin für ein Erstgespräch vereinbaren. Psychotherapeuten in Ihrer Nähe können Sie über Ihren Hausarzt oder verschiedene Suchdienste finden. Zum Beispiel bei der Kassenärztlichen Bundesvereinigung (KBV) www.kbv.de. Weiterhin können Sie sich dort beim ärztlichen Bereitschaftsdienst unter der Nummer 116117 melden oder auf die Website www.116117.de gehen, um sich dort selbst einen Psychotherapeuten-Termin zu vereinbaren.

Telefonseelsorge (jederzeit erreichbar, anonym, kostenlos aus ganz Deutschland) per Telefon 0800-111 0 111 oder 0800 – 111 0 222 oder unter www.telefonseelsorge.de

Trauergruppen und Trauercafés in der Nähe finden www.trauergruppe.de

Trauerbegleitung im gesamten Bundesgebiet www.bv-trauerbegleitung.de

Stand: Oktober 2024

ÜBER DIE AUTORIN

 Silke Pöhls, aufgewachsen auf dem landwirtschaftlichen Betrieb ihrer Eltern an der Nordseeküste. Nach einer Hotelfachausbildung folgte ein Studium der französischen Literaturgeschichte in Paris. Sie verbrachte beruflich mehrere Jahre in der internationalen Hotellerie im In- und Ausland. Seit nunmehr über 30 Jahren in Frankfurt tätig.

Was macht man, wenn man gerne liest und schreibt: Man geht ins Marketing/PR. Sie schreibt beruflich nahezu täglich, seit vielen Jahren. Derzeit ist sie Pressesprecherin einer Bank in Frankfurt.

Sie lebt in der Wetterau idyllisch und ländlich direkt neben einem Gutshof. Die Nähe zu Frankfurt schätzt sie sehr.